哭吧！小不幸人生

這世界很煩很難，但總會有辦法的！

Contents

不幸的故事是這樣開始的。。。

從小時候開始，我最常聽到對我的形容就是這兩種：
老實、笨
還曾經有人這樣跟我說過：
我滿喜歡妳的，因為妳看起來很老實很笨。
什麼意思？
這個是誇獎嗎？聽起來像在誇獎我但好像哪裡怪怪的。
謝謝。
先道謝就對了

另外可能因為我是家中排行老二的關係，
我就是標準的老二性格愛好和平，
所以我很擅長一件事情，
那就是
忍耐
遇到什麼事情
忍一下就過了。
（真的很要命）

因為這些特質
的關係，
讓我的人生發生了
一些不少的笑話。

Go! Go!
對我有初步的瞭解了吧!
那就請開始閱讀我準備的故事吧~

第一章　自幼養成的小不幸

chapter1 自幼養成的小不幸

老實的小孩

媽媽～
我想要十元～

又要去買零食！十元拿去。
每一次想要買零食 大幸媽就會給我十元。
是標準的「媽媽貶摳」的年代。
當時也不會管十元是多是少。
只要能買到餅乾就好了。

在我的年代，十元是可以買到餅乾的喔～

某一天
大阿姨帶著親戚小孩來逛超商
今天一人可以挑一樣你們喜歡的零食喔！
耶~~~~
阿姨我要這個。
這麼快喔。
咦？只要這個嗎？
十元零食。
對，當時的我，就算零食可以任挑我還是只挑了十元的零食。
因為只能挑十元的零食想法根深蒂固
從小就是奴性超重的賠錢貨。
今
母
當時恁阿姨還說我小孩教的很好啦！
阿你就是笨而已阿
哈哈哈哈哈哈哈

又某一天

50
五十

在去買零食的路上
看到地板有五十元。
我知道了！
這個五十元！
是假的！

沒錯，
對當時的我來說，
五十元是我不能得到的金額。
逃跑
所以我就這樣逃跑了。
買完零食
回家的路上。
不見了…
今
你這麼厲害喔？
還會自己分真假錢喔？
哈哈哈哈哈哈
哈哈哈哈哈哈

出社會後自己會賺錢了，
想吃的買得起的就會勇敢買下去。

chapter1 自幼養成的小不幸

令人頭痛的天才

為什麼連注音
都不會寫？

小時候大幸爸會教我們功課，
有時候會滿嚴格的。
笨
然而我又是家裡最笨的小孩
所以常常教到大幸爸生氣。
ㄆ就是這樣寫而已啊。
ㄆ
妳寫一次。
嗚……
我看看。

我真的是智障。

我瞧瞧
寫給爸爸看⋯
沙沙⋯
因為要"寫給爸爸看"
所以寫了倒反的ㄆ(還寫對了)
ㄆ

咳、咳
噗
今天先這樣吧。

今
那你會不會背ㄅㄆㄇ的順序？
不會阿。
我是天才不需要。

chapter1 自幼養成的小不幸

最討厭的補習班

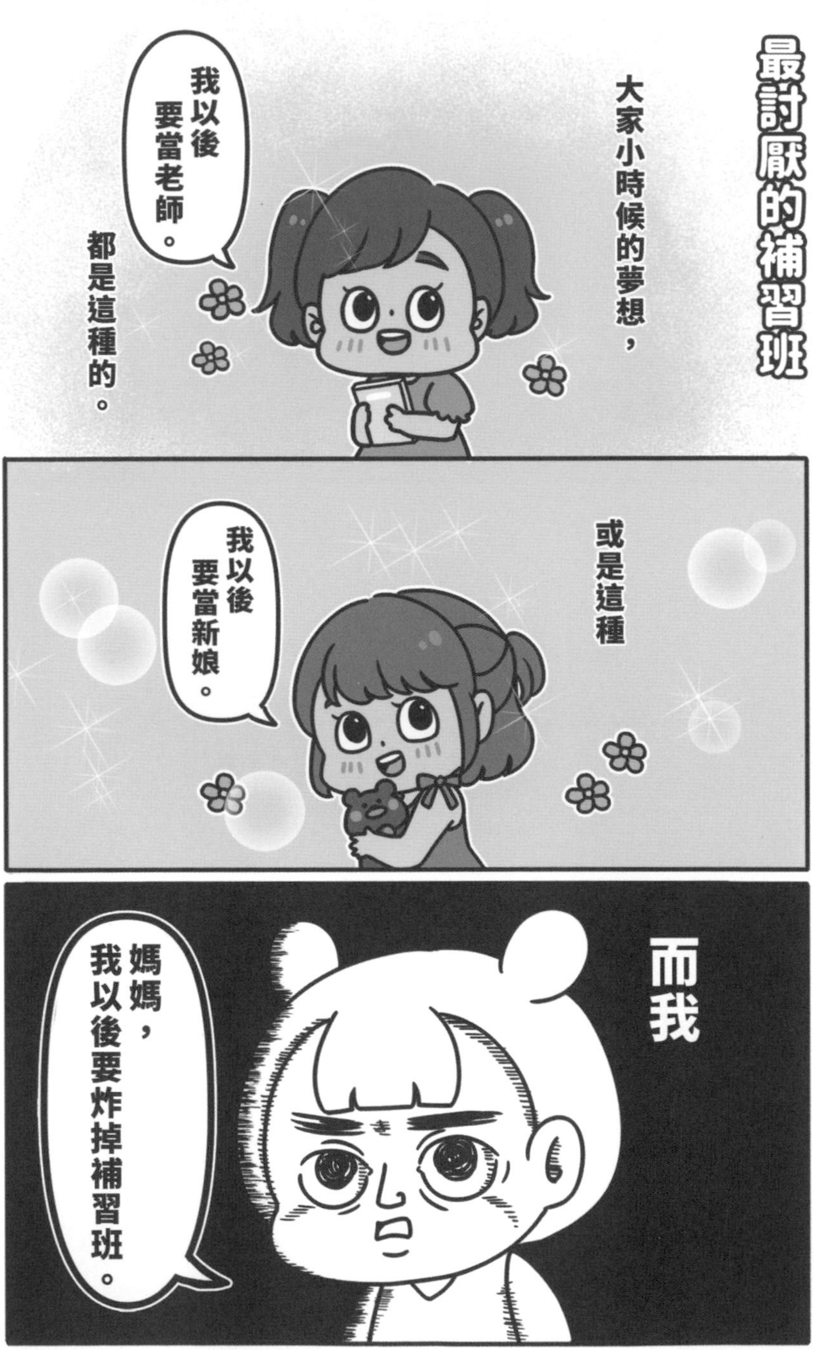
大家小時候的夢想，
我以後要當老師。
都是這種的。
或是這種
我以後要當新娘。
而我
媽媽，我以後要炸掉補習班。

小時候我最討厭去補習班了。
肚子痛。
討厭到會裝病不去。
賣假
母
我去的那間補習班就是少一分打一下
不手下留情的那種。
當時也算是被打很慘
某天不知道為什麼提早去了補習班
鈴鈴～
因為教室都沒人，就自己先寫功課。
很巴結
鈴鈴～
大幸？
我好像沒有叫你早點來啊？

原來當時的老師，
偷偷帶了班上成績優等的
學生們去吃麥X勞冰淇淋。
閃閃發亮～
哈哈哈哈！
你沒有冰淇淋！
我才不喜歡
冰淇淋咧！
我要寫功課了！
成績相當中庸
我才不喜歡
那個好吃的
冰淇淋
因此對補習班的恨意更深了。

小時候真的有一陣子的
夢想是長大要當爆破專家。
這件事情到現在還會被家人
拿出來說嘴。

遇到事情永遠不會多想，
直到某天……
那一天是家族聚餐，
因為太無聊了
所以我在餐廳四處自己找樂子。
妹妹~
結果突然有個伯伯叫了我，
他是這間餐廳的員工。

妳在幹嘛？
看螞蟻。
妳一個人嗎？叔叔陪你玩好不好？
嗯⋯⋯
後來這位伯伯，就一直跟在我旁邊。
走到哪跟到哪，
連我回位子吃飯了，他還會故意出現在我的視線內對我揮手。
這位北北！你都不用工作嗎！
終於，到了聚餐的尾聲。
妹妹。

系囝仔跑到外面玩了

這時候那位伯伯叫了我，
他正在收拾椅子。
妳要不要幫忙？
要不要跟叔叔，
一起把椅子搬到後面去？
後面⋯

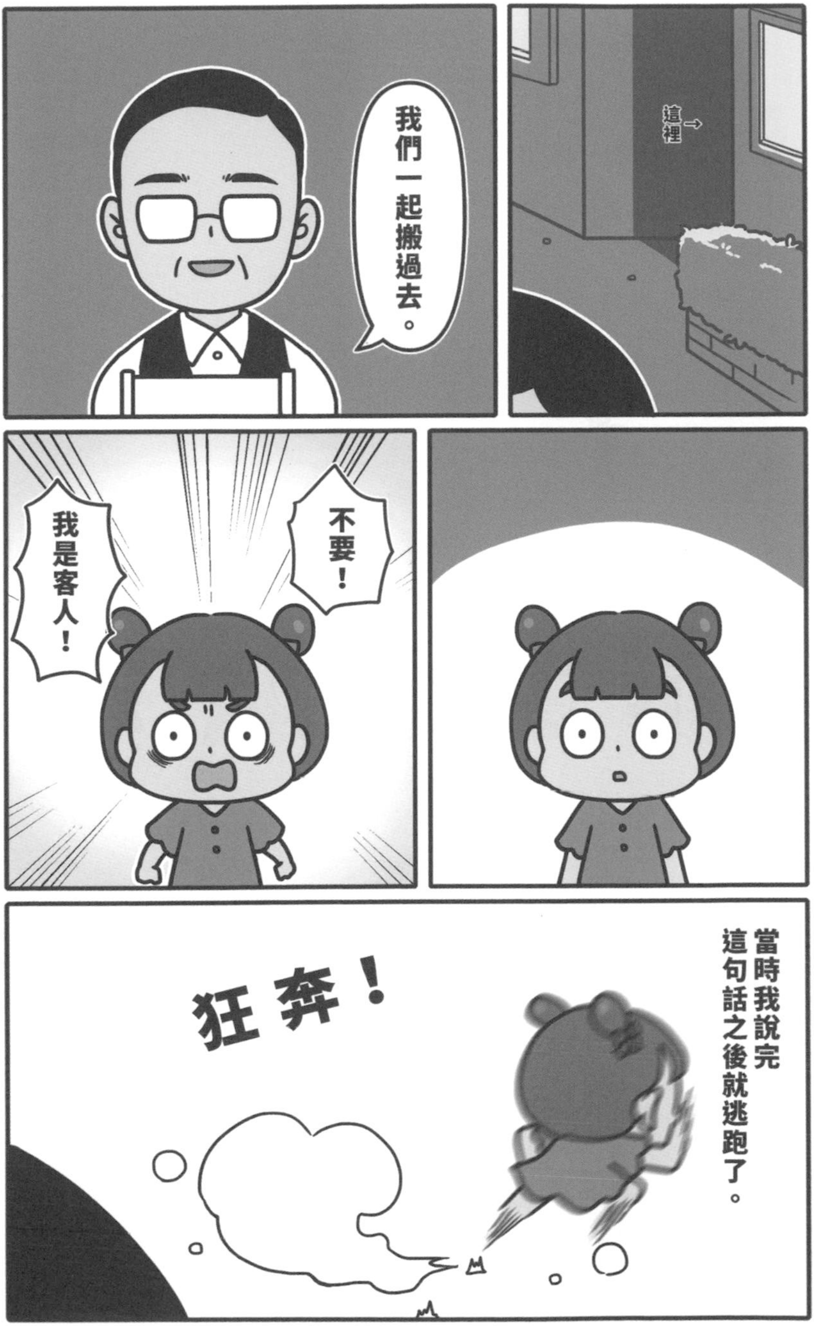
我們一起搬過去。
這裡→
不要！
我是客人！
當時我說完這句話之後就逃跑了。
狂奔！

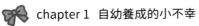

後來回到車上
我的心情是很複雜的，
因為我根本不懂我在恐懼什麼。
那位伯伯後來還來拍拍車窗
來跟我再見。
北北請你放過我！
今
也有可能。
這篇畫完時妹妹先看了一下。
北北也有可能覺得妳很像他孫女吧。
能確定的事就是小時候的我危機意識比較高吧。
高中時遇到
露鳥北北渾然不知
?

大幸的妹妹

比姊姊聰明，
姊姊觀察家，
打翻各種東西大師。

chapter1 自幼養成的小不幸

大人的謊言

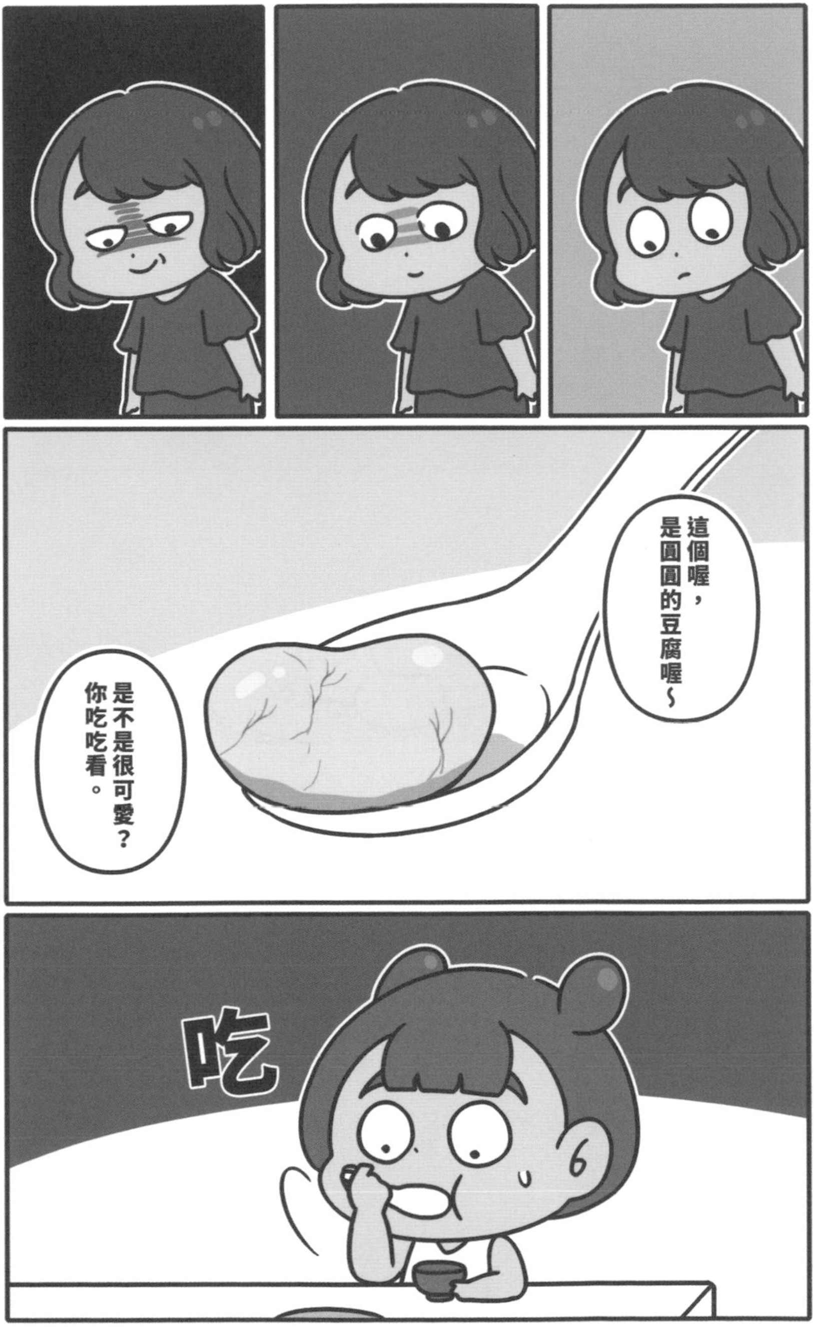

我至今還是不懂為何
我要這麼聽話。

怎麼樣？好吃嗎？
不知道？軟軟的？
來，
媽媽跟你說喔……
那個圓圓的啊，
其實是公雞的蛋蛋喔。

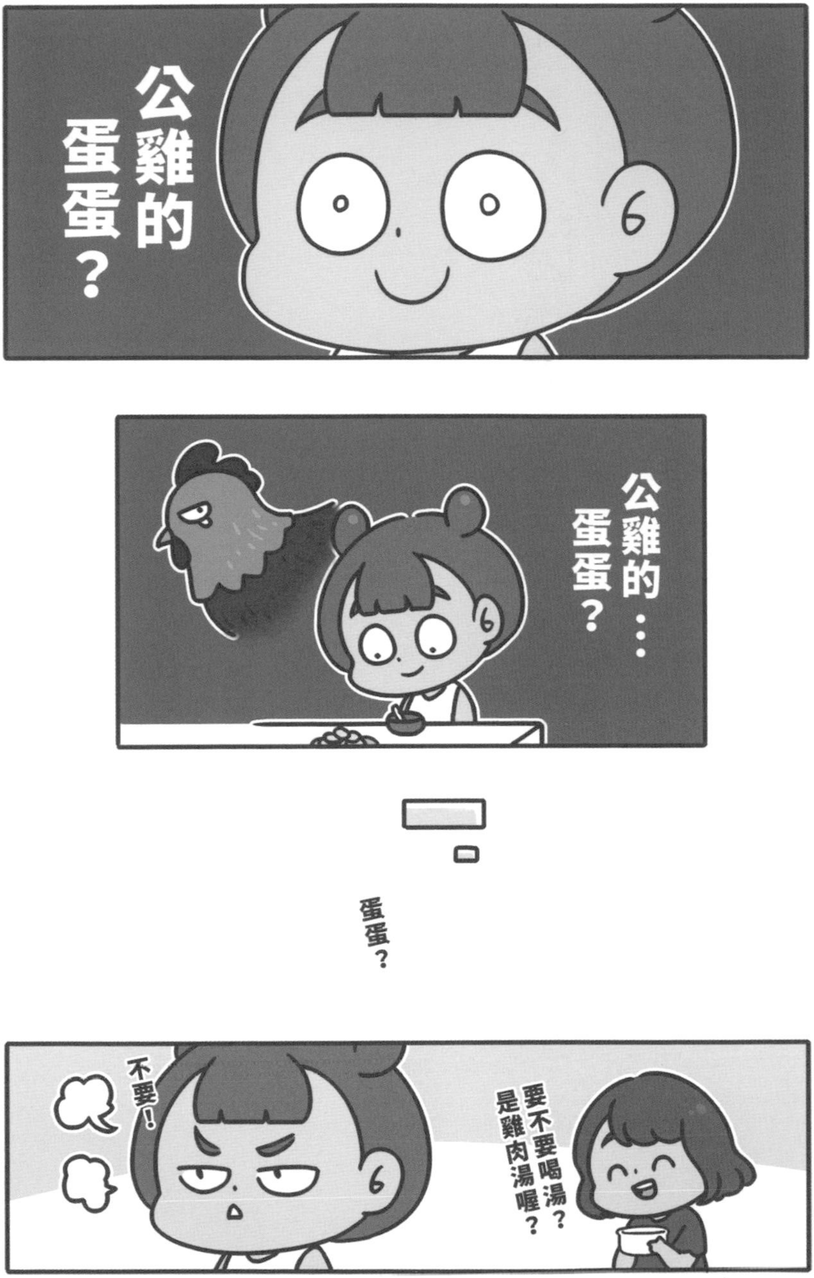

從此之後再也不相信大人

chapter1 自幼養成的小不幸

忍痛大師

老師
負責食材的同學，等等要快點把食材送回去給組員。

聽到哨聲就立刻跑起來！
預備……
嗶！
衝衝衝衝衝衝衝衝
啊！

不知道為什麼當時會這種用競賽的方式。

小時候是拼命三郎類型。

喀

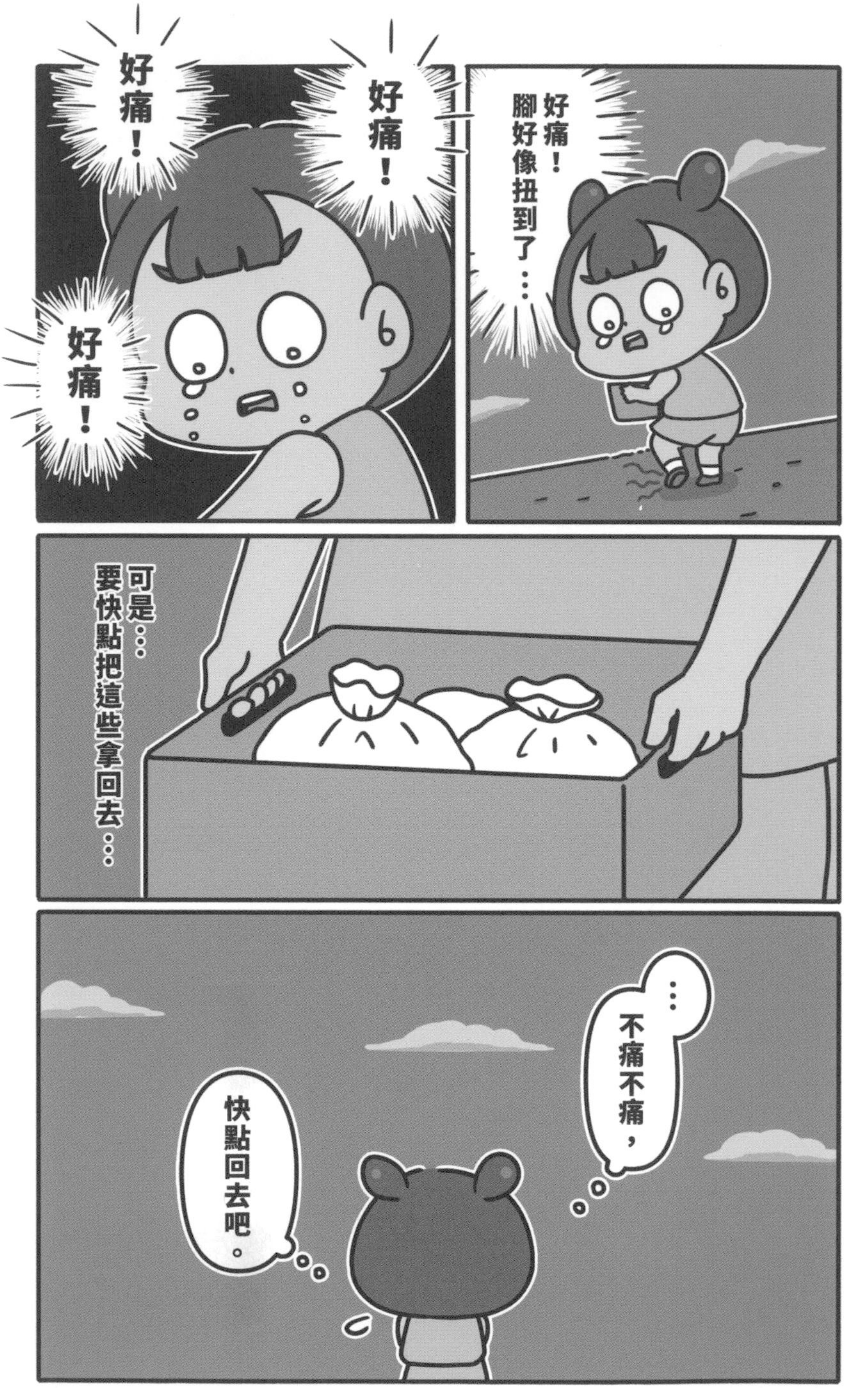
好痛！
好痛！
好痛！
好痛！
腳好好像扭到了⋯⋯
可是⋯⋯
要快點把這些拿回去⋯⋯
⋯⋯不痛不痛，
快點回去吧。

應該等等就
消腫了吧……
你的腳扭到了？
會痛嗎？
沒關係，
應該等一下就好了。
順利送回來了。
然而並沒有
告訴老師的話
我會不會被罵……
還越腫越大了
明天！
明天一定會好的！

結果到了隔天當然還是沒有好，還更嚴重了。
忍痛到臉色發青
但是太害怕被罵了，還是裝作沒事結束了兩天一夜的露營。
蛤！
為什麼！為什麼腳會扭成這樣！
為什麼沒有告訴老師！
你都不會痛嗎！
已經變成深紫色

後來理所當然的
就馬上被帶去看醫生了。
大概花了半年多腳
才完全的康復。
當時的醫生
你的腳都變果凍了耶，
要放血才會好的比較快喔。
長大之後我的腳
還是很常扭到，
還是很嚴重的那種。
我的專長可能是
扭到腳吧。
扭到腳冠軍

chapter1 自幼養成的小不幸

夜啼小孩

哇~~~
我小時候是一個很會夜啼的小孩。
大幸媽很常要半夜起來哄我。
夜啼通常不會持續太久
哭累哭爽了就會自己睡著了。
這孩子到底是怎樣？

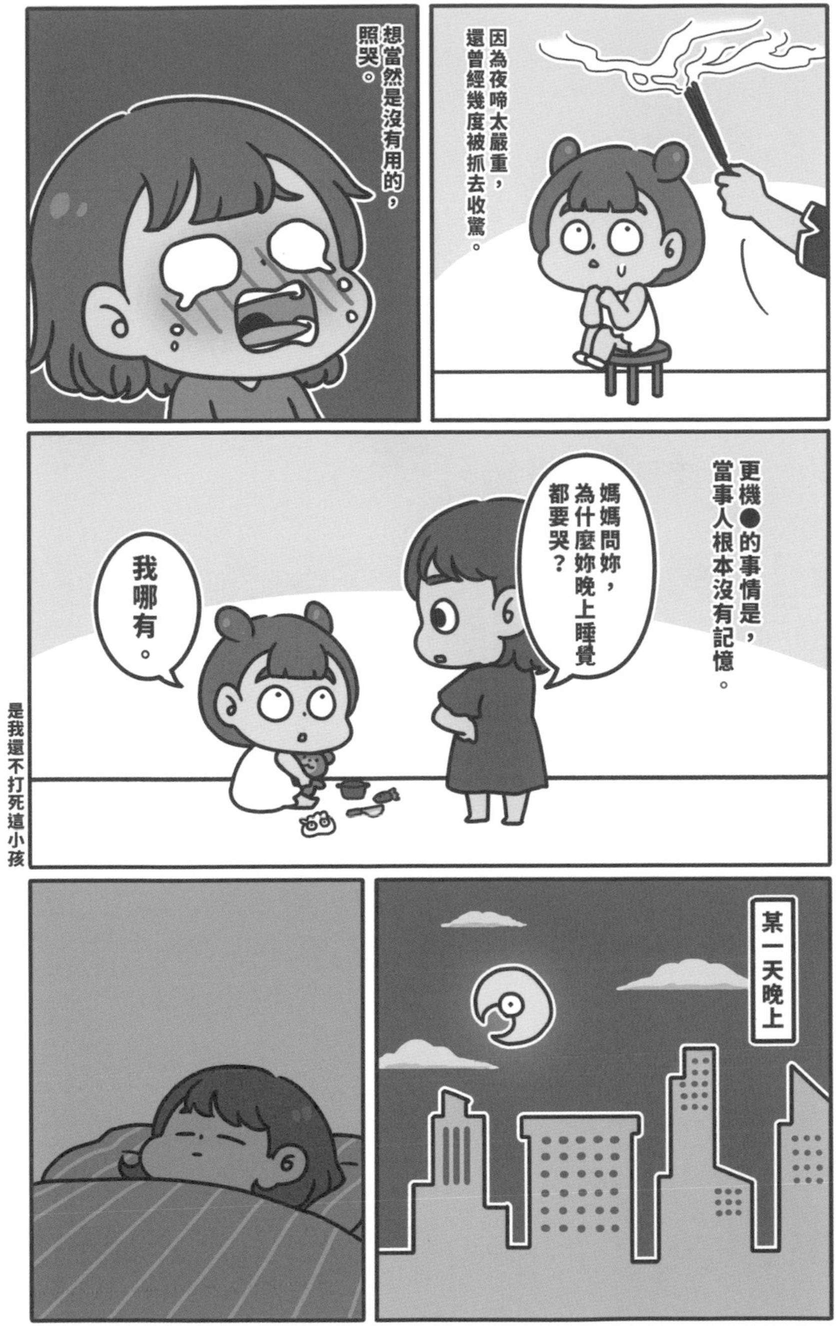
因為夜啼太嚴重，
還曾經幾度被抓去收驚。
想當然是沒有用的，
照哭。
更機●的事情是，
當事人根本沒有記憶。
媽媽問妳，
為什麼妳晚上睡覺
都要哭？
我哪有。
是我還不打死這小孩
某一天晚上

唰唰唰…
什麼聲音…
唰唰唰…
唰唰唰…
從耳朵裡發出來的…
怎麼這個聲音…
好像是…
飛出

*為了不讓大家害怕，蟑螂已經過變色處理。

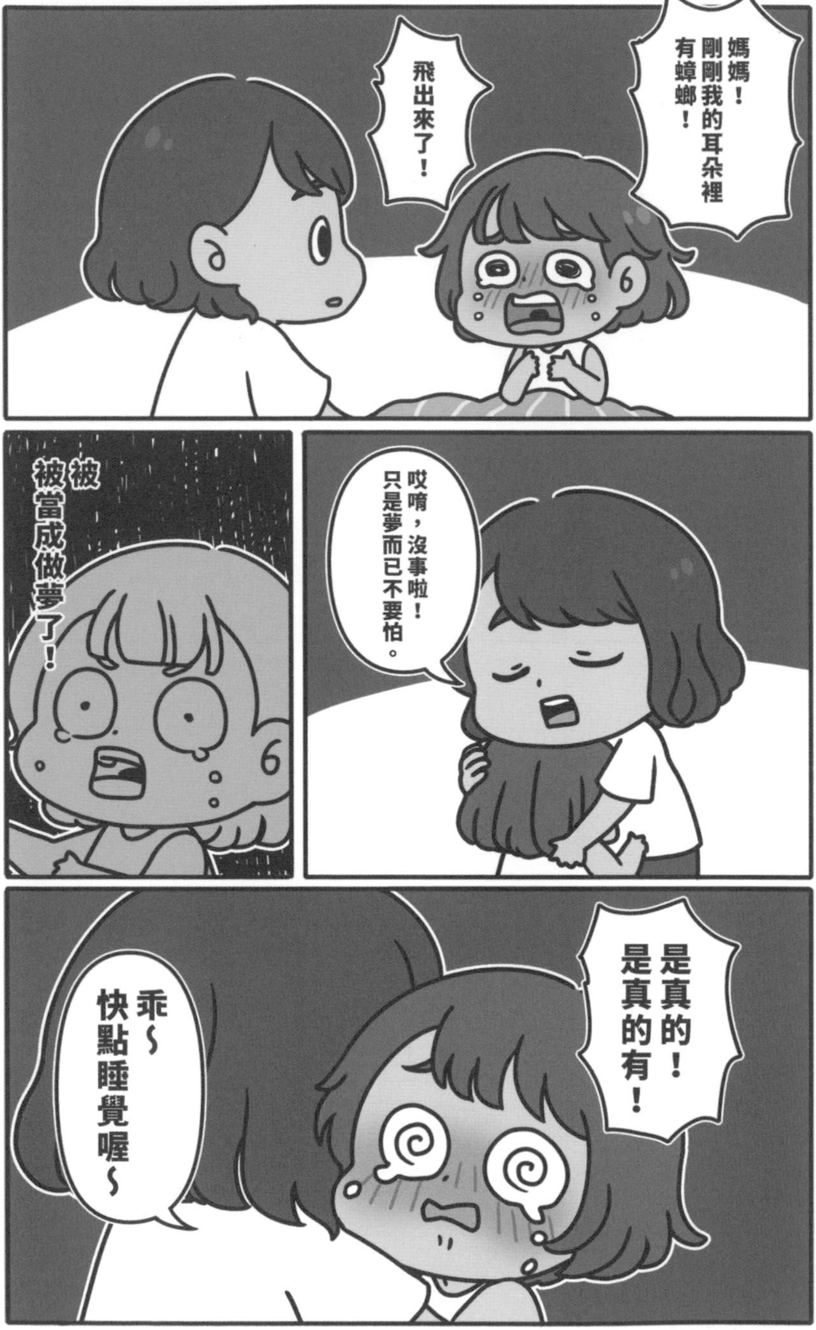
媽媽！剛剛我的耳朵裡有蟑螂！
飛出來了！
哎唷，沒事啦！只是夢而已不要怕。
被被當成做夢了！
是真的！是真的有！
乖～快點睡覺喔～

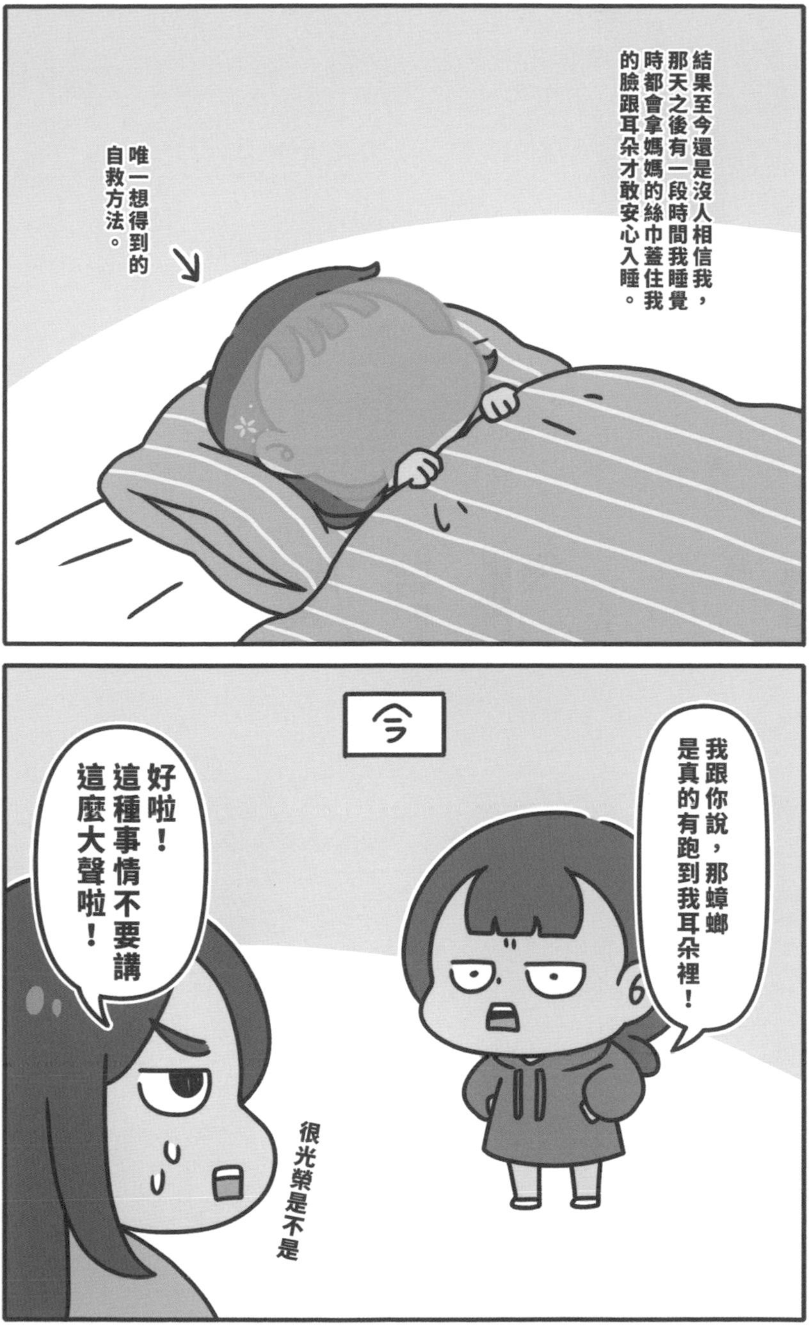
結果至今還是沒人相信我，那天之後有一段時間我睡覺時都會拿媽媽的絲巾蓋住我的臉跟耳朵才敢安心入睡。
唯一想得到的自救方法。
今
我跟你說，那蟑螂是真的有跑到我耳朵裡！
好啦！這種事情不要講這麼大聲啦！
很光榮是不是

絲巾變成小時候最寶貝的東西

第二章　隨手可得的小不幸

chapter2 隨手可得的小不幸

關於商人話術

要結帳了嗎？
對，麻煩妳～
這系列的杯子很受歡迎呢。
架上的都是最後一個了。
最後一個
另一個我也一起買了。
計畫通

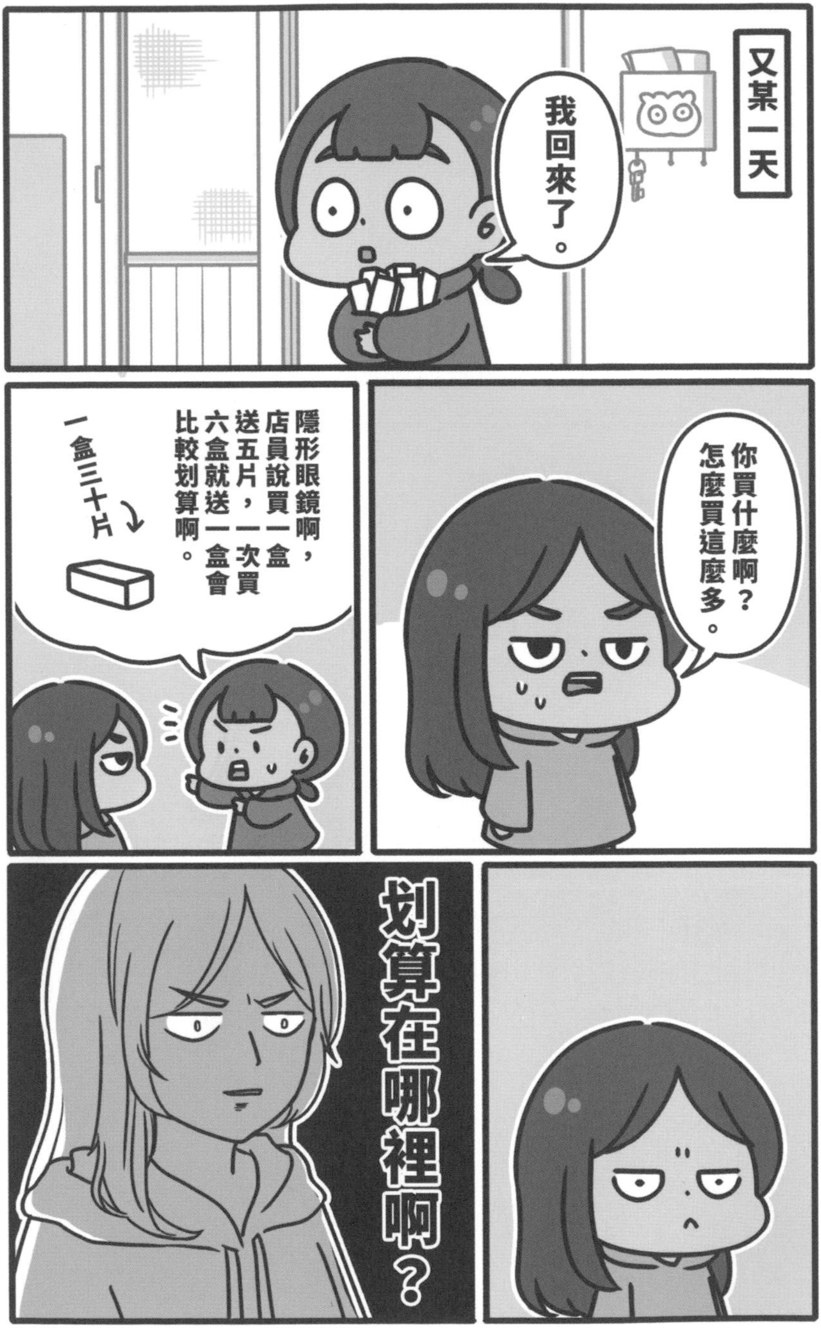
又某一天
我回來了。
你買什麼啊？怎麼買這麼多。
隱形眼鏡啊，店員說買一盒送五片，一次買六盒就送一盒會比較划算啊。
一盒三十片
划算在哪裡啊？

1盒(30個)送五個
買6盒直接送一盒
5X6=30
不管是買一盒還是一次買六盒
都是一樣的啊。
蛤？
你不只是花錢毛病要改，
數學也要重新學了啦！
結論
頭腦不好更容易被話術呢。

杯子1

這個杯子好可愛喔。
這個杯子是限定版耶。
哇~~這杯子好欠買啊~
不要買了！櫃子都爆了！

杯子2

買這麼多杯子不知道要幹嘛啦？
阿我們普通杯子就可以用很久了！
妳手上那什麼？
嘸啦！我想說很可愛買了就用啊！

這樣啊..

希望未來的家裡可以
有一個專門放馬克杯的櫥櫃

睜開眼就感受到的不幸

啊。
喉嚨好痛！
感冒了——！
先…先打電話請假…
很少感冒但只要感冒都很嚴重的類型
查一下診所幾點開門…

準備出發
呼
先把要帶的東西準備好。
健保卡……
好難受！
為何感冒的人還要自己出門看醫生！有合法嗎！
叮咚ー
013

請大家原諒感冒難受內心口出狂言的人。

大幸小姐領藥，
三餐飯後睡前喔～
大幸
謝謝…
接下來
SANDWICH
Cummy
Cummy

奶茶
早餐
巧克力
(配藥用)
午餐
藥
藥
食
睡
嗶嗶嗶—!

啪
該起來吃午餐吃藥了。
※特地設定了鬧鐘起來吃午餐吃藥。
我回來了。

吃蘋果中
滿桌食物
為什麼總覺得妳感冒食慾特別好。
感冒的生命鬥士
因為要多吃東西身體才會有抵抗力！
連當病人都很努力的人。
好好睡覺好嗎?!

chapter2 隨手可得的小不幸

手賤的人

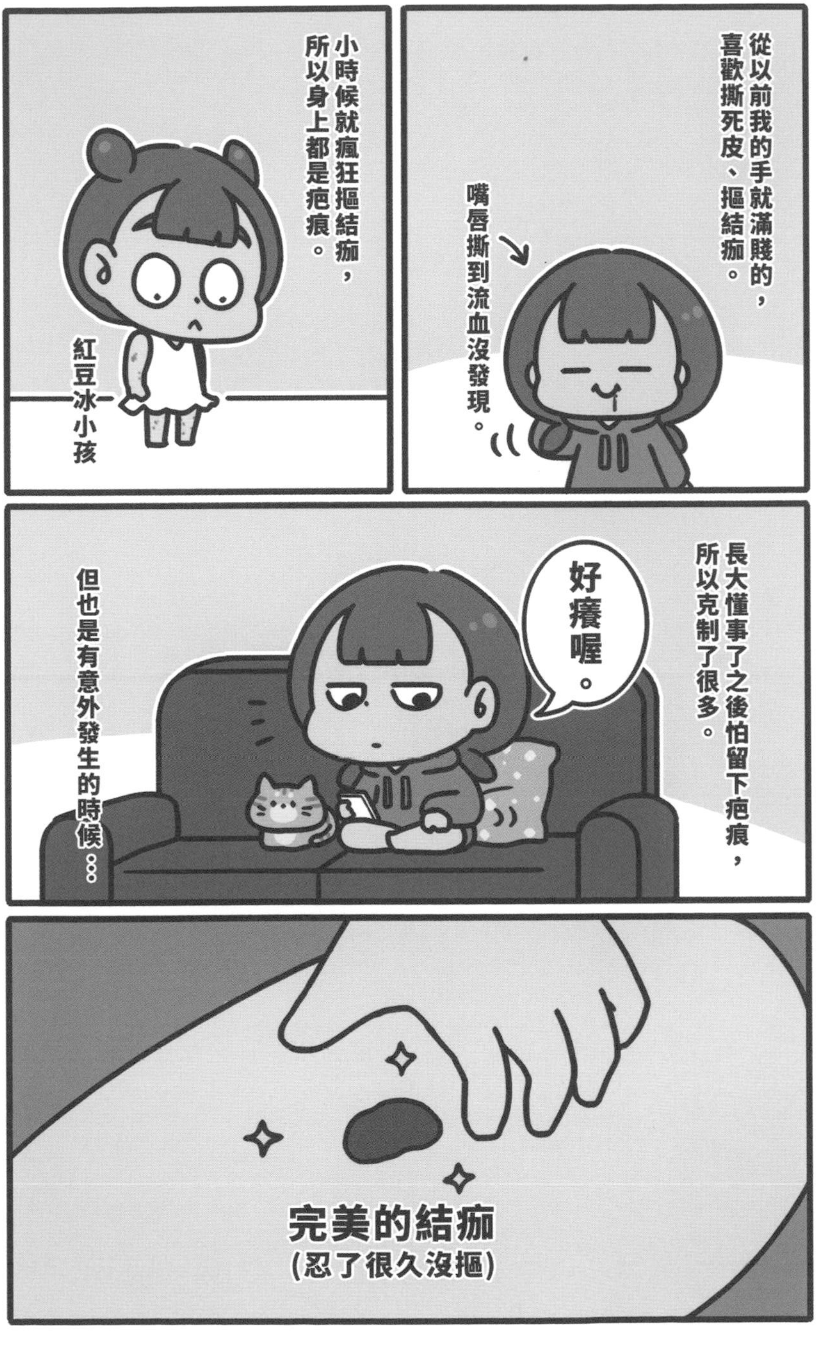
從以前我的手就滿賤的，喜歡撕死皮、摳結痂。
嘴唇撕到流血沒發現。
小時候就瘋狂摳結痂，所以身上都是疤痕。
紅豆冰小孩
長大懂事了之後怕留下疤痕，所以克制了很多。
好癢喔。
但也是有意外發生的時候⋯⋯
完美的結痂
(忍了很久沒摳)

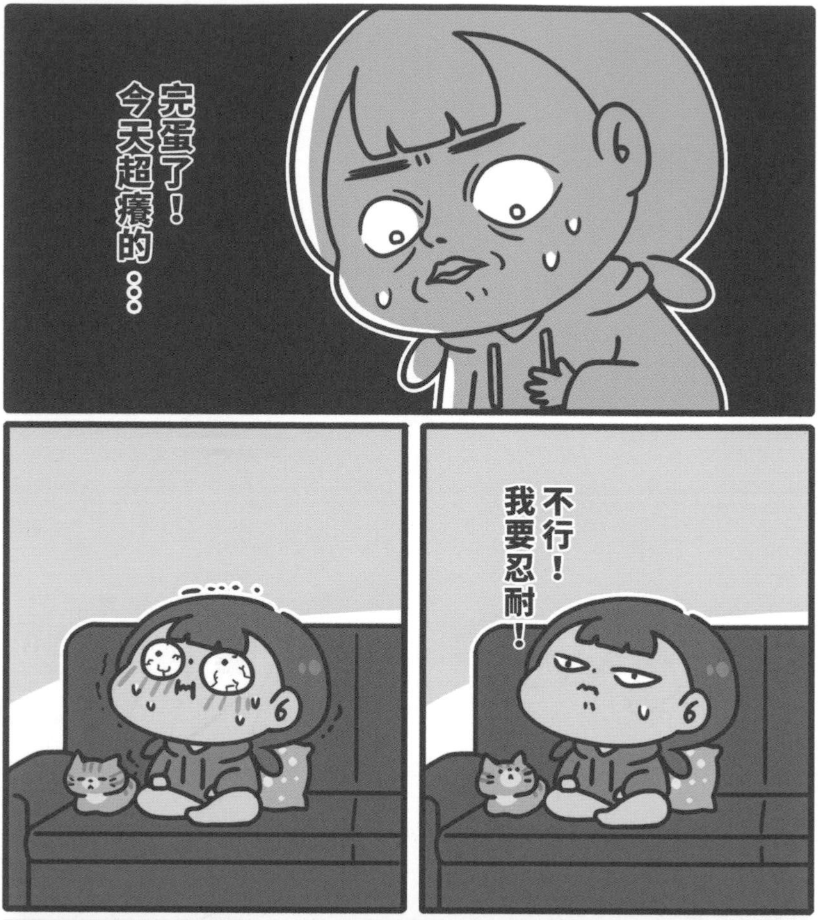
完蛋了！
今天超癢的……
不行！
我要忍耐！
不行啊！
超想抓啊！

很好！
感覺很不錯！
抓旁邊皮膚好了！
抓抓抓抓
抓
爆
抓抓抓抓
抓抓抓抓
抓抓抓抓

手賤
失敗收場
被抓落的結痂

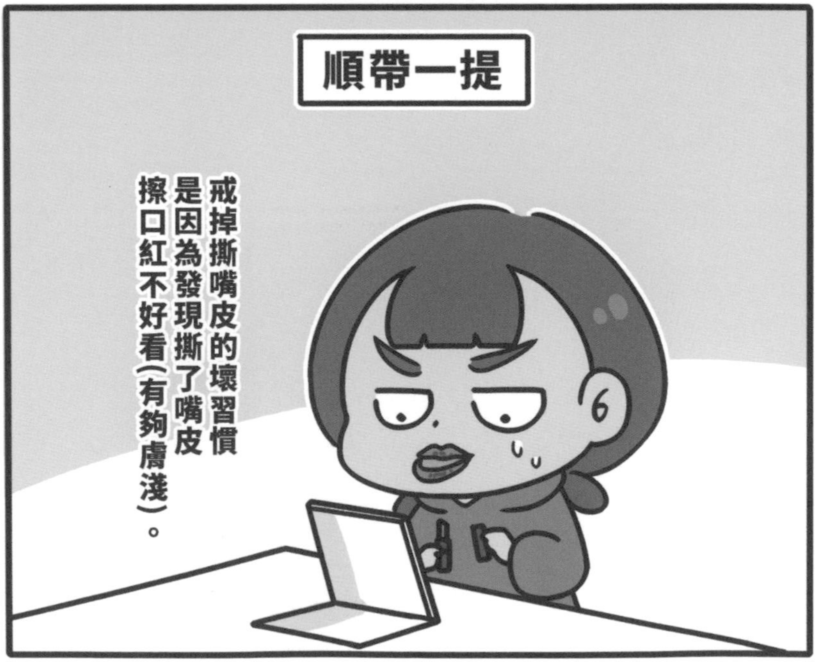
順帶一提
戒掉撕嘴皮的壞習慣
是因為發現撕了嘴皮
擦口紅不好看(有夠膚淺)。

家中的三隻貓咪
橘皮(8)
家中最年長的姐姐
也是最難相處的。
Kuku(7)
暖男哥哥，脾氣好。
有分離焦慮症的貓。
Nana(4)
最囂張卻也是
最愛撒嬌的老么。

chapter2 隨手可得的小不幸
女生的噩夢
哈—
每個女生，
應該都超害怕姨媽外漏的吧。
哈—
轟—
哈啾！
我就曾經在外面
姨媽外漏過。

跟朋友逛百貨公司中
我覺得我的姨媽好像漏出來了。
咦？真的假的啊？
Moc
我幫你看看。
有嗎？
…

不知道為何要拍照
就是想看一下。

woman
這間廁所有吹風機！
太好了！
你快去處理！等等可以吹乾！
好！
吸吸吸吸

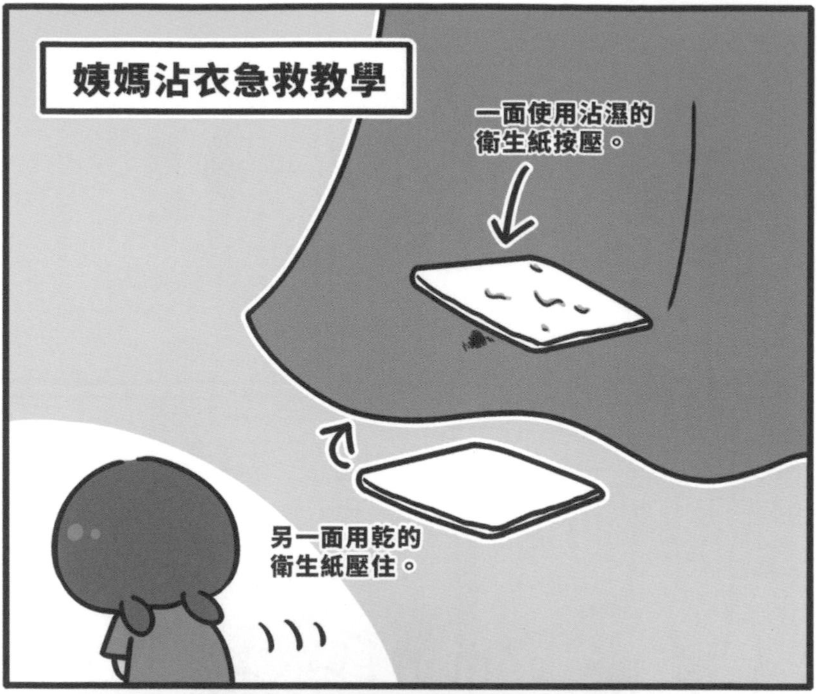
姨媽沾衣急救教學
一面使用沾濕的
衛生紙按壓。
另一面用乾的
衛生紙壓住。

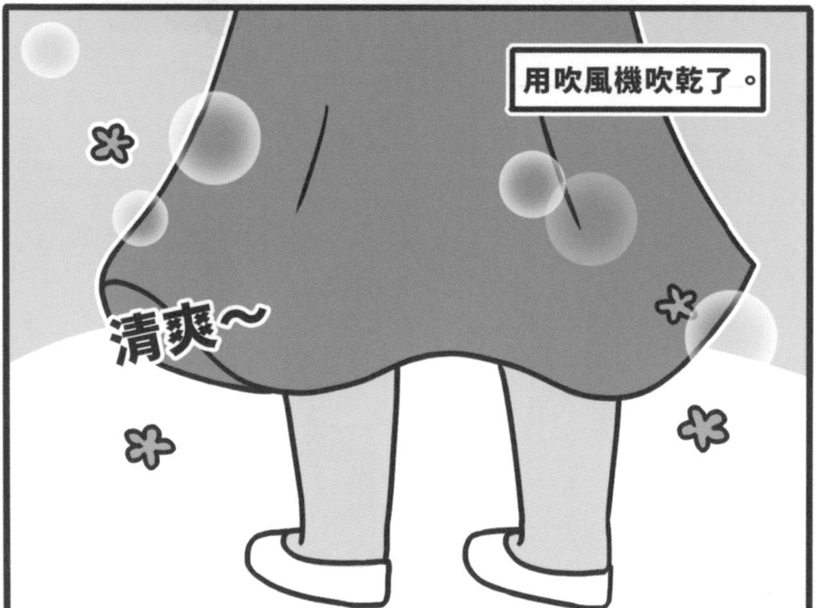
用吹風機吹乾了。
清爽～

我們成功了啦！
哇～～!!
好感動啊！
結果，後來那件衣服讓我有陰影，有一陣子都不想穿了。

chapter2 隨手可得的小不幸

超爛社交能力

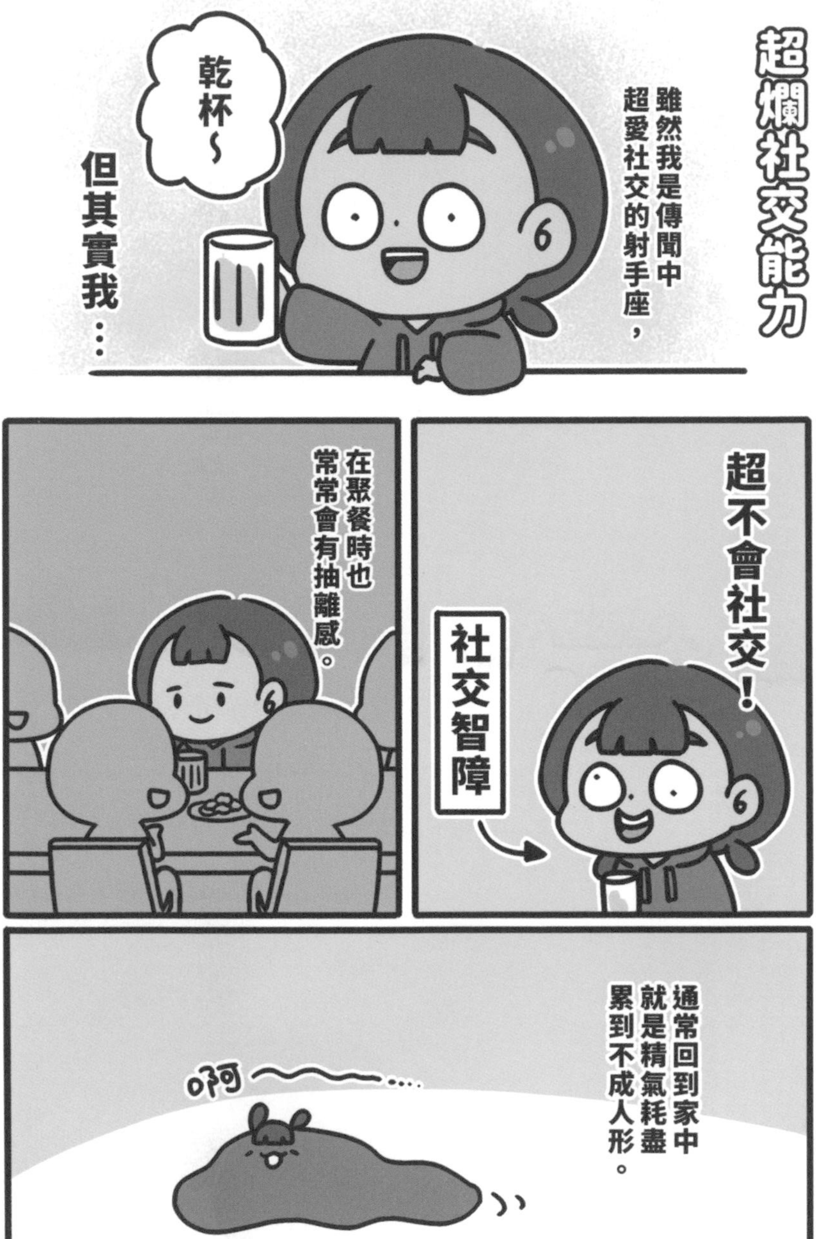

雖然我是傳聞中超愛社交的射手座，
乾杯～
但其實我…
超不會社交！
社交智障
在聚餐時也常常會有抽離感。
通常回到家中就是精氣耗盡累到不成人形。
啊～～～….

某一天
在電梯遇到
同時間下班的同事。
沉默——…

好尷尬！好尷尬！
空氣都要凝結了！
救命喔喔喔喔喔
不管了！
那、那個！
你剛下班嗎？

同一個上下班時間的同事。
我是白癡…
對唷！等等要回家了。
人很好
不過就算是社交障礙，太久沒有跟人對話也是會孤單的。
好孤單喔～好無聊喔～
麻煩死了。

chapter2 隨手可得的小不幸

冒失大師

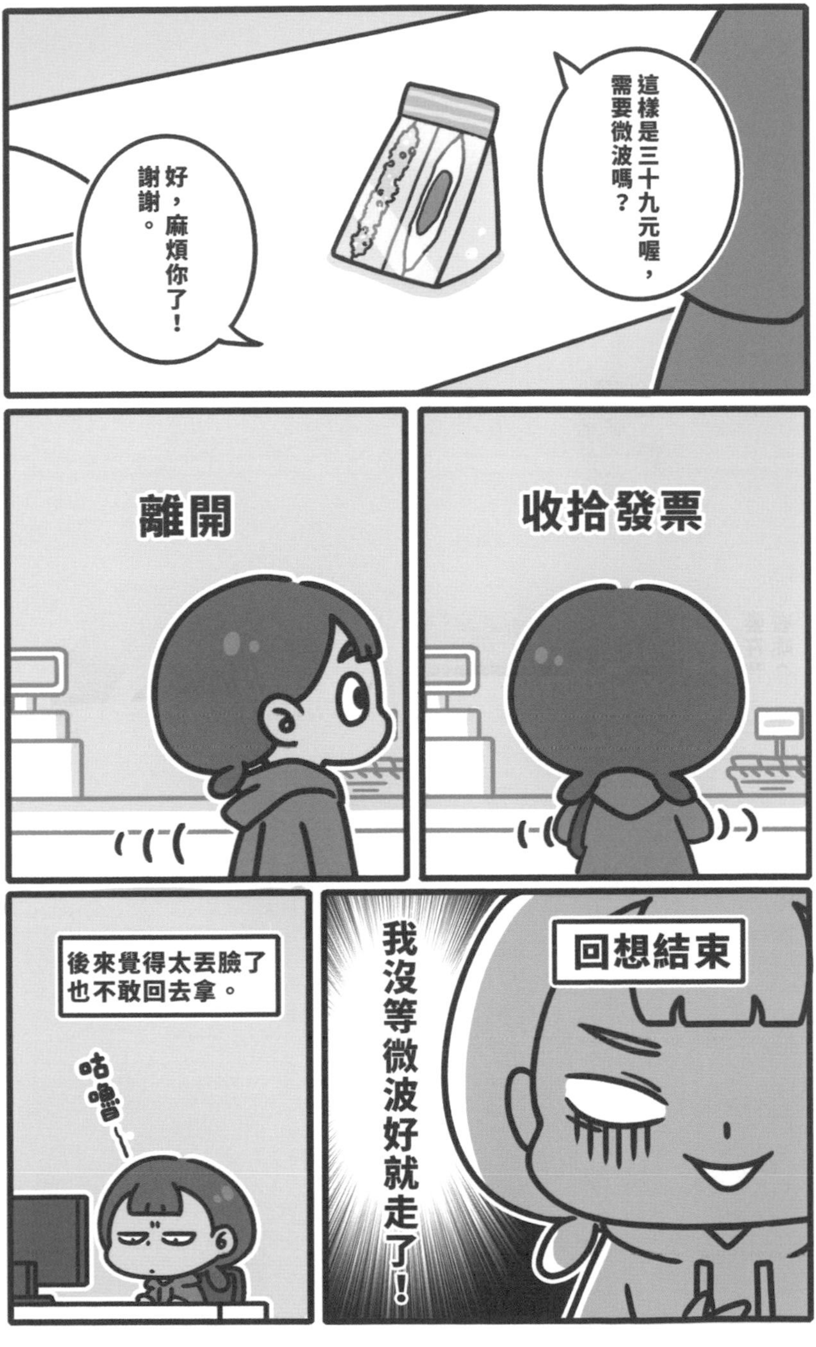
這樣是三十九元喔，需要微波嗎？
好，麻煩你了！謝謝。
收拾發票
離開
回想結束
我沒等微波好就走了！
後來覺得太丟臉了也不敢回去拿。
咕嚕～

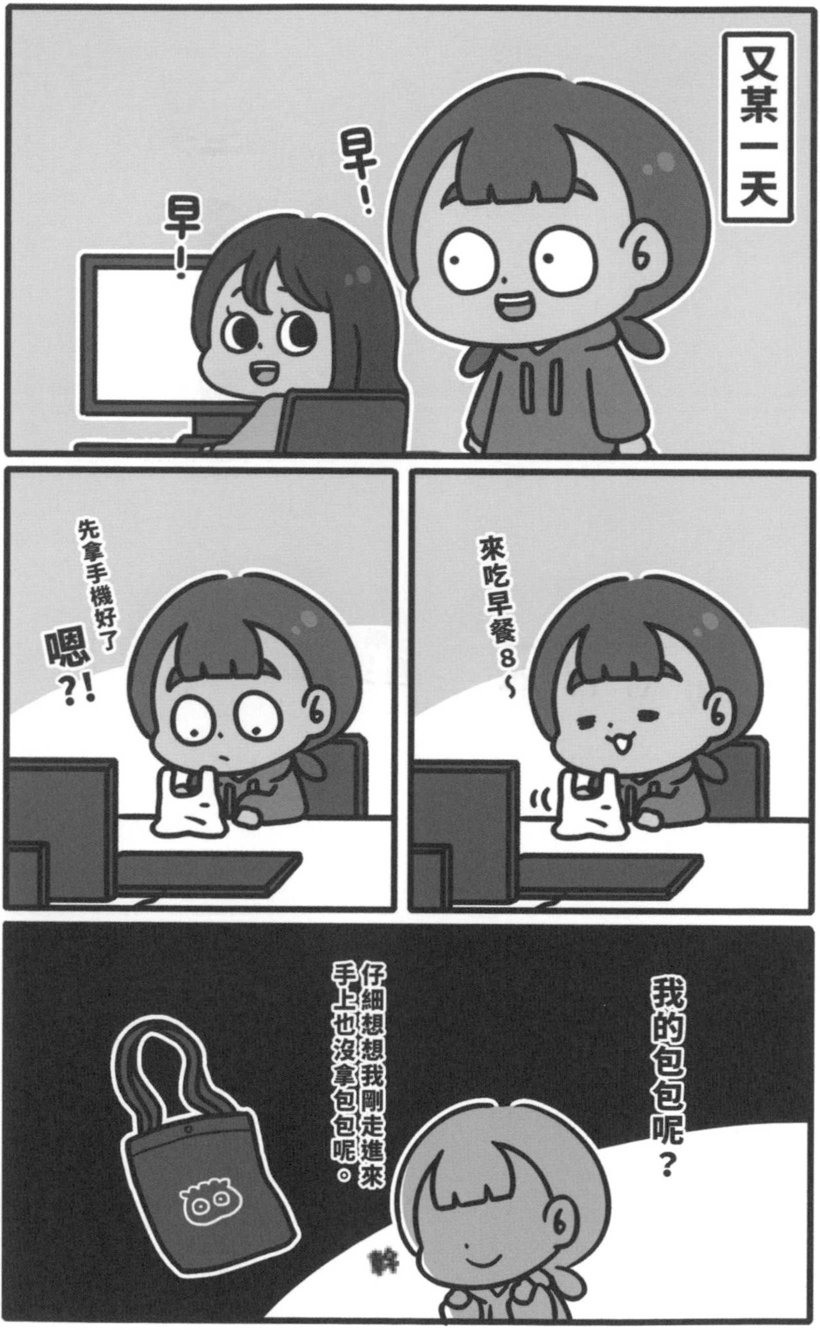
又某一天
早！
早！
先拿手機好了
嗯？！
來吃早餐8～
我的包包呢？
仔細想想我剛走進來
手上也沒拿包包呢。

起身!
包包放在機車上
人就直接走了。
啊!果然!
好險還在!
有時候，真的會很受不了自己的腦袋呢。
我對自己好累…
這輩子是不是沒辦法
當精明的人了呢。

忘記拿早餐的隔天
早餐怒吃兩份。

第三章　關於食物的小不幸

chapter3 關於食物的小不幸

店家免費加料

來！給你們加菜！
哇～謝謝老闆～
小意思啦～吃飽一點！
老闆～我也好想要被加菜喔。
嗯？

盯
這什麼？
咬了一口的水餃
!!!
是蒼蠅！
是一隻完整的蒼蠅！
好險是完整的！
好險是完整的！

沒事！
蒼蠅是完整的！
怦怦
怦怦
怦怦
後來水餃也不敢吃，
直接棄餃而逃了。
在那之後有一陣子
都不敢再吃水餃，
很怕咬開又看到什麼了。
對於老闆加菜的
接受度也變廣了。
嗯？

原來是洗碗的鋼刷啊。
甩
啊。
不過還是有無法接受的狀況……
—手指入菜。
老闆，你的手不燙啊？

背叛的滋味

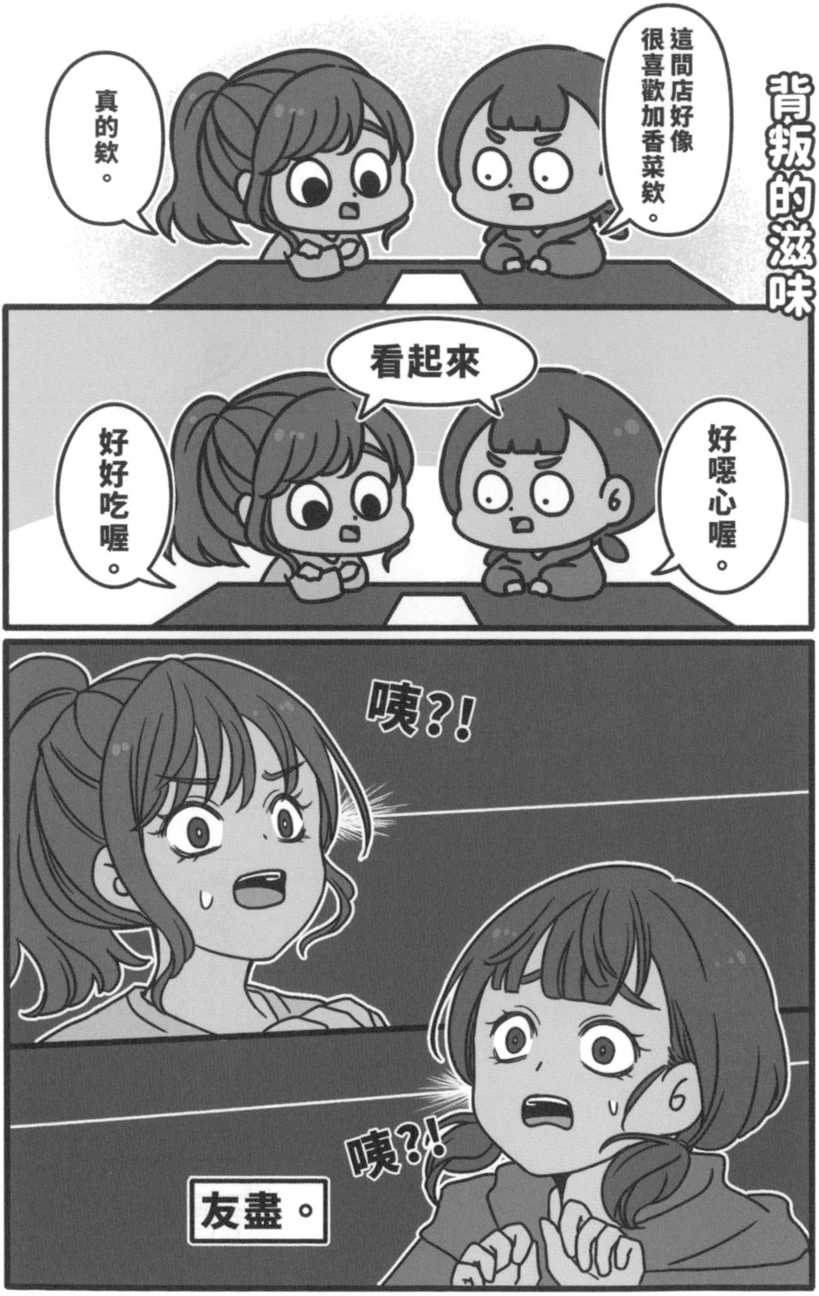
這間店好像很喜歡加香菜欸。
真的欸。
看起來
好噁心喔。
好好吃喔。
咦?!
咦?!
友盡。

某天晚上
我們今天去買滷味來吃好不好？
好啊！
Go Go！
順帶一提，這間滷味是我跟妹妹的最愛。
可以榮登我們心中滷味第一名。
倒倒倒倒

？
怎麼了
香菜
啊……
試吃…
呸！

明明還有跟老闆說不要香菜的
蔥蒜香菜要不要？
香菜不要。
哽咽
哽咽

棄食
好可憐⋯⋯

後來的日子
要不要吃滷味？
不信任的眼神

chapter3 關於食物的小不幸

就是忍不住

一份十二吋的照燒雞肉就好了嗎？
啊…那個…
還需要什麼嗎？
我想搭配濃湯薯餅套餐。
好的！沒問題！
啊！
還是忍不住啊。
洗完手回來了

但是後來演變成這樣了。

怕爆。

去點餐被詢問是否要加購
小點心時也永遠無法拒絕。
請問要加購49
小雞塊嗎？
要。

chapter3 關於食物的小不幸

失敗的大胃王

有一陣子我很迷戀看吃播影片，
就是各種大胃王吃東西的影片。
當時的我好羨慕他們，
可以吃這麼多好吃的東西。
閒來無事的時候
我就會瘋狂的看吃播。
而伴隨而來的
影響是……
這家韓式料理的東西
看起來很好吃欸！
對啊！

除了主食之外，再點個炒年糕、海鮮煎餅跟韓式炸雞吧！
這樣不會太多嗎？
不會吧？
哇～～

喔!這個辣炒年糕
太讚了啦!!
真的!!!
海鮮煎餅也好好吃!
對!!!
安靜

欸！
那個肉吃完啦！
死亡
喂！
這個時候才會意識到，
平常自己吃播看太多了，
久了會覺得那是正常人
大吃大喝的食量，
根本大錯特錯！
我們慢慢吃，
把這些吃完。
好⋯

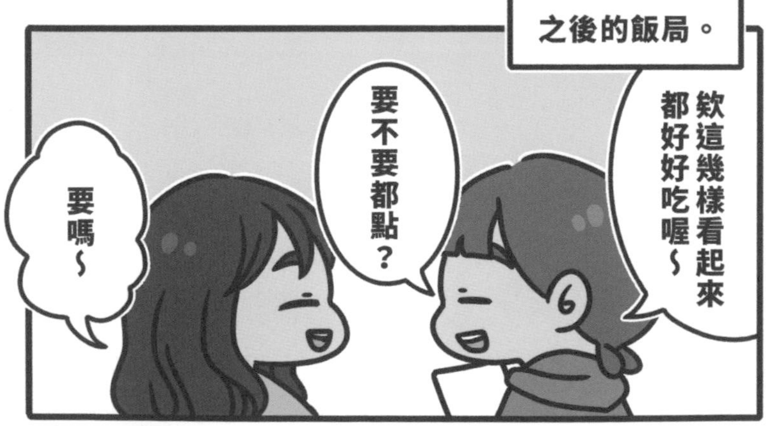

狗改不了吃屎的兩位。

小陪

大幸的好朋友，
從國中一路同班到大學畢業，
相識十幾年有堅不可摧的感情。
不笑的時候臉會臭到嚇哭小朋友。

成長

第四章　想像與現實的小不幸

圓框眼鏡

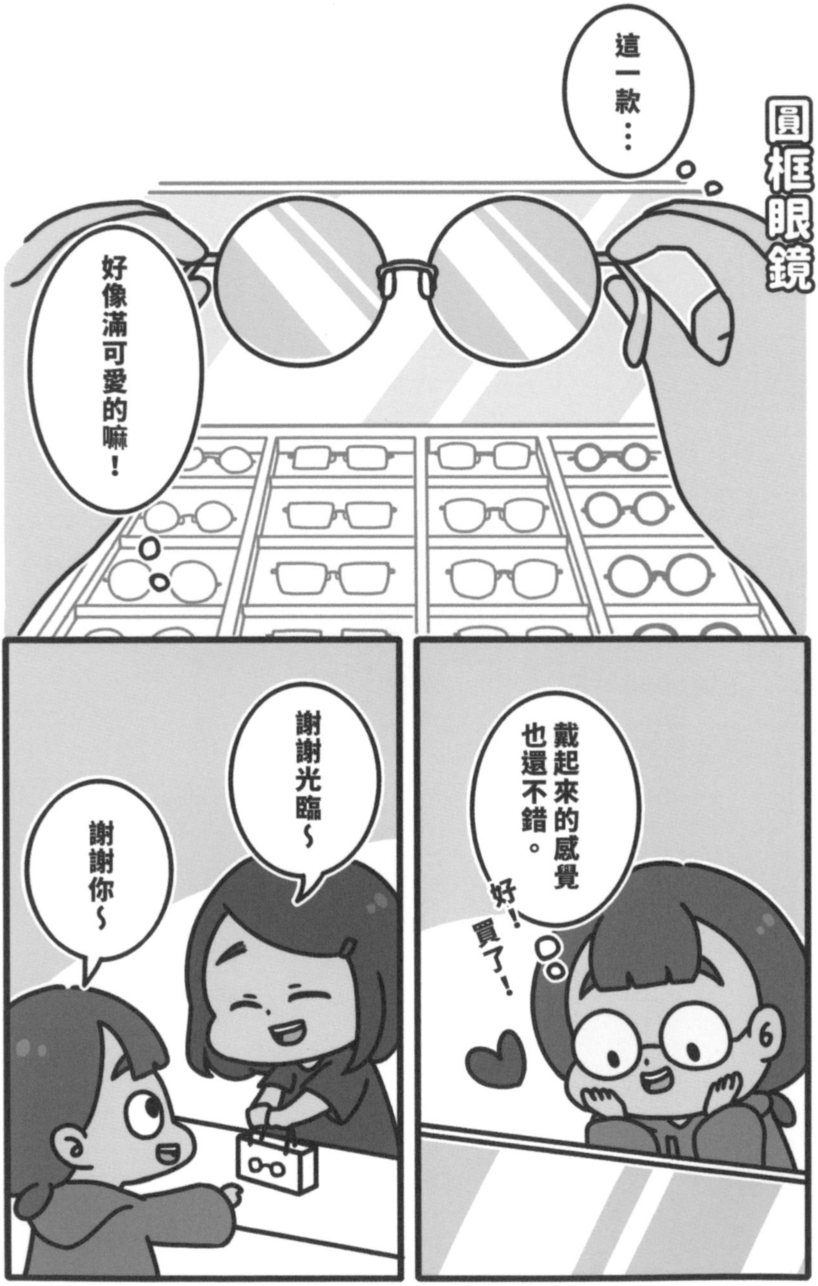

有一陣子很流行圓框眼鏡，我覺得戴起來很可愛，於是也買了一副新的。
那時候真心超級喜歡這副眼鏡。
某天上班
咦？

為什麼……
鏡子裡的人……
長得好像老婆婆喔？
當下一個瞬間，突然覺得自己好像戴著老花眼鏡的老婆婆。
…？

這個人正在觀察自己戴眼鏡的各個角度。
換姿勢
推眼鏡
拔下
真的好像老奶奶！
我回不去了啊！
那個可愛的我！

chapter4 想像與現實的小不幸

換個髮型

這髮型很不錯耶。

全部綁起來的感覺好帥氣。
而且綁起來沒洗頭也不會被發現。
我也來試試看。

妹！你看我綁這樣好看嗎？
麵包●人？
臉變好大好圓。
欸?!
太過分了！
既然這樣的話！

之後就不輕易嘗試新髮型了。

流行

chapter4 想像與現實的小不幸

感冒惹人疼

有一次我感冒，我男友請假照顧我，
他說我感冒的樣子很惹人疼。
真的很感動耶～
感冒的樣子很惹人疼啊⋯⋯

感冒很
弱不禁風的樣子……
要不要喝點溫開水？
的確滿惹人疼的？
實際遇到感冒的時候
咳！
咳！
啊……

吃到某些感冒藥時眼睛會腫起來的人。

哈啾！
現在這個樣子，
有人照顧的話……
…
妳流鼻涕了，
要幫妳擦嗎？
頭髮好亂啊，
啊、鼻涕又流下來了。

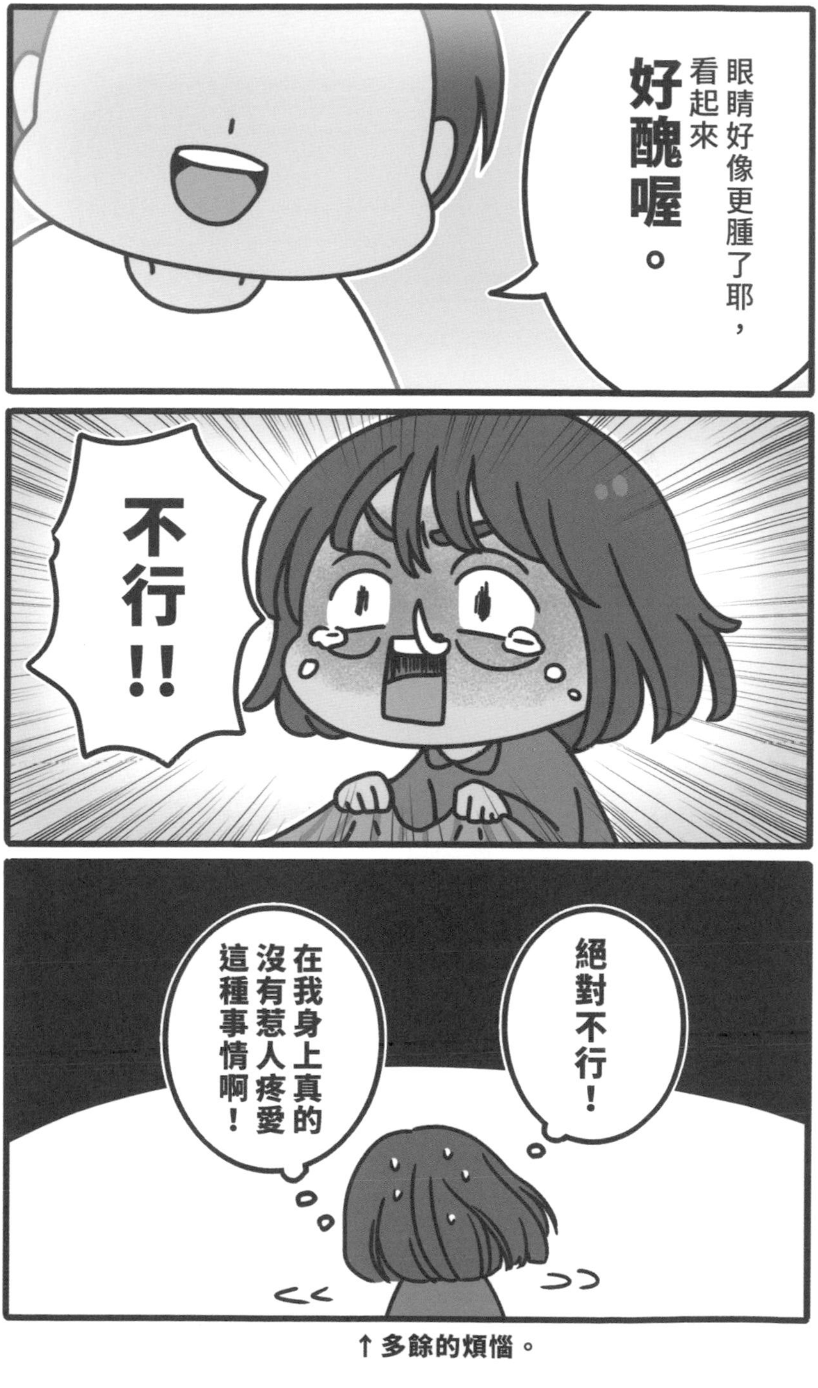
眼睛好像更腫了耶，看起來好醜喔。
不行!!
絕對不行！
在我身上真的沒有惹人疼愛這種事情啊！

↑多餘的煩惱。

鏡頭裡的我

為什麼這麼醜？
人的問題吧。
沒關係，再拍一張跳起來的好了！
嘿！
很青春的感覺。
嘿！
喀喳！
我來看看！

鬼
我醜死算了。
…
相片館
來，這是上次拍的證件照。
謝謝。

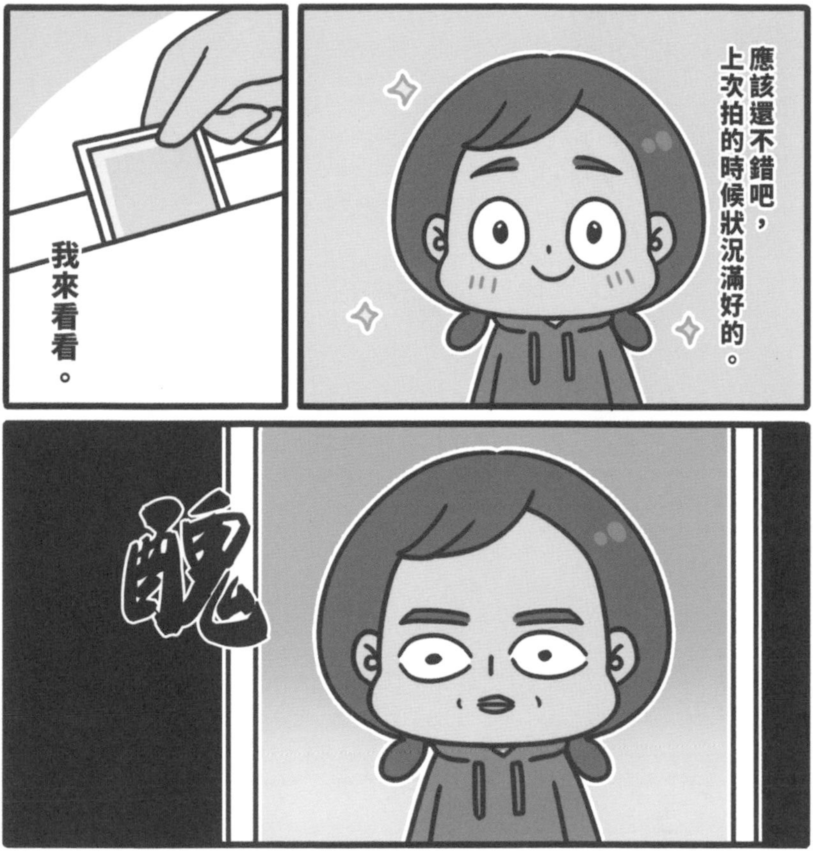
我來看看。
應該還不錯吧，上次拍的時候狀況滿好的。
醜

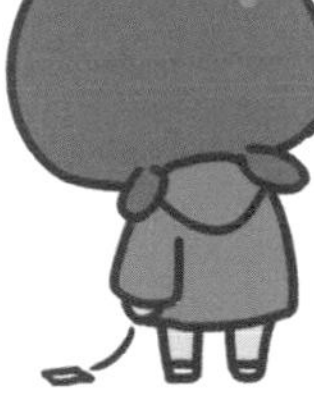

我真的醜死算了。

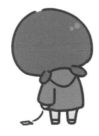

chapter4 想像與現實的小不幸

美少女穿搭

想成為美少女的女孩子，
大部分都會花不少錢買衣服。
我也不例外。
下單
下單
下單
看到喜歡的衣服
就是忍不住想買。

暴力拆包裹
啊！怎麼那麼水啦！
媽媽立刻把你穿起來看看！

嗯？
總覺得…
拿起
戴上
奶奶
完全體
碎花洋裝真的
是很看人穿。

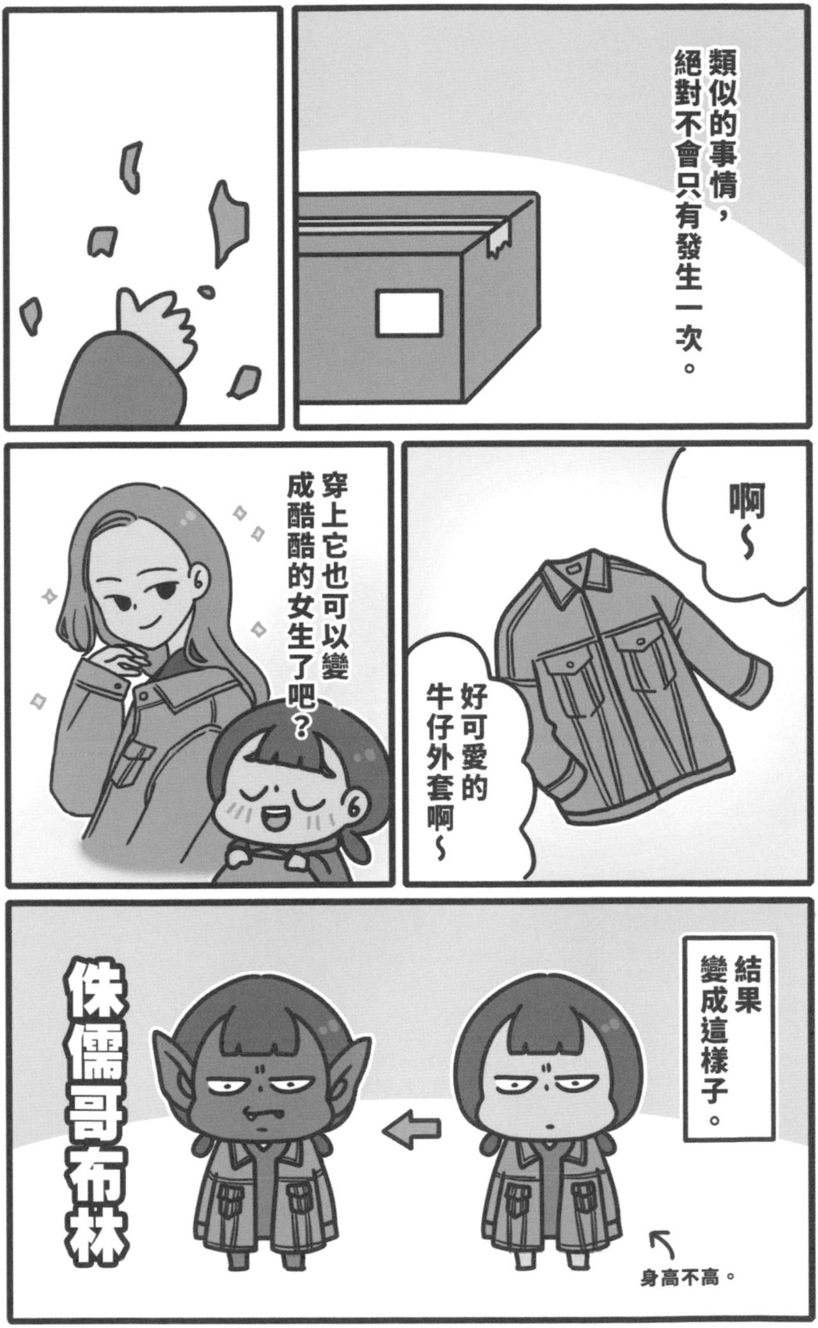
類似的事情，
絕對不會只有發生一次。
啊～
好可愛的牛仔外套啊～
穿上它也可以變成酷酷的女生了吧？
結果變成這樣子。
身高不高。
侏儒哥布林

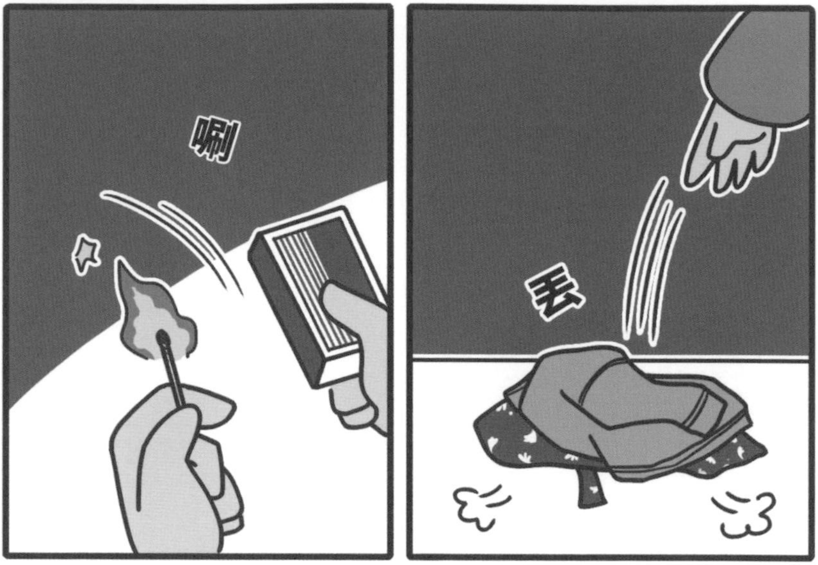

現實總是殘忍。

第五章　圍繞在身邊的幸運

chapter5 圍繞在身邊的幸運

姐姐觀察家

對電腦還算厲害。
這樣就好了。
喀答
喀答
貓砂先放地上吧，我開車廂。
唯一只有一個地方很讓人無法理解。
買這些貓砂夠用一陣子了。
嗯。
啪!!!
貓の砂
呀!!!
好。
嘿—!!!
丟

喔……
你要慢慢放啊，像這樣！
你是運氣好貓砂才沒爆開知道嗎！
妹妹超級不會控制她的雙手。
還常常會有這個狀況。
Subway
翻倒
翻倒
喔……
妳是故意的嗎？
不要再碰液體的東西了！
撇除是打翻東西大師之外，她是一個很棒的妹妹。

有一陣子，我因為身體不好
所以常常跑診所醫院。
每一次看完診，
情緒都會非常低落。
會邊騎車邊痛哭回家那種
發訊息給妹妹
看完診了，晚點回家，不吃晚餐了。
喔。
唉
欸胖子。
?!

妳幹麻……

妳幹嘛來啊？
吃晚餐啊。
你想吃什麼？
吃很好欸。走吧。
……炸蝦丼飯。
那個炸蝦丼飯是我吃過最好吃的炸蝦丼飯。

打！
總之，
我非常感謝在我
不幸的日常之中，
欸。
來啊！
怕你不成？
打屁啊！
沒被打過是不是？
看招！
還有一個妹妹會
陪著我一起吵鬧。

通靈妹妹1

突然在比動作
韓團T-ARA的熱門歌曲
跳Roly-Poly喔。
妳怎麼知道！
覺得赤裸
(我真的只是手隨便比一下)
不然哩

通靈妹妹2

妳現在是不是很餓？
嗯。
妳現在是不是很睏？
嗯。
妳現在是不是想抱貓？
嗯。
好可怕！
我什麼都沒做啊！

chapter5 圍繞在身邊的幸運

可愛的朋友

我是一個方向感極差的大路癡。
只要沒有地圖可以看，保證迷路。
小陪
欸我下高鐵就迷路了。
又!!!!
又!!!!
又迷路!!!!
身邊的朋友也都很清楚我很會迷路這件事。
跟著人潮走好了。

所以會有這種狀況發生。
小陪
欸我想去台北聽講座
咦?!
叮咚
叮咚
叮咚
叮咚
叮咚
發生什麼事了?

欸我想去台北聽講座
我陪你去!!
你會迷路!!
你會迷路!!
一下高鐵就迷路!
聽到沒!!!!
彈出
欸我想去台北聽講座
我陪你去!!
你會迷路!!
你會迷路!!
一下高鐵就迷路!
彈出
欸我想去台北聽講座
我陪你去!!
你會迷路!!
你會迷路!!
噗!
COFFE
妳看，
我把去台北的行程都排好了!

我們可以先去吃這家！
吃完之後就可以去逛街了！
然後晚上還可以叫炸雞回飯店吃！
然後啊～～……
～～……
開心
而我的功能：看地圖擔當。
因為太常迷路，所以很會看地圖。
GOGO！
往這邊！

我們之間的相處
雖然不會天天見面，
但是在需要彼此的時候，
我們都會盡力出現。
誰讓你哭！
哪個王八蛋阿！

角色也常常會
互相交換。
沒事不要哭！
我們很棒的！

以後妳結婚了
不要忘記來看看我喔。
不要再哭了！
再哭就要更衰了！
會啦，而且說不定
我們會一起孤老終身啊。
一起變老太婆
也太可憐了吧！
哈哈哈哈哈哈
哈哈哈哈哈哈

我常常都會想，
欸你知道為什麼我朋友很少嗎？
為什麼？
我的人生，應該有很大的運氣是拿去遇到一個好朋友。
那也值得啦。
因為我只跟可愛的人當朋友！
油嘴滑舌喔！

兩個人出去吃飯最常出現的狀況
我們又不是沒在賺錢！
工作都那麼辛苦了！
點下去!!
好想吃這個喔，
但是好貴喔。

買啦

兩個敗家子

制服

第六章　不幸日常的心境轉換

偶爾也會有
「好討厭這個不公平的世界」
的想法產生。

但是，

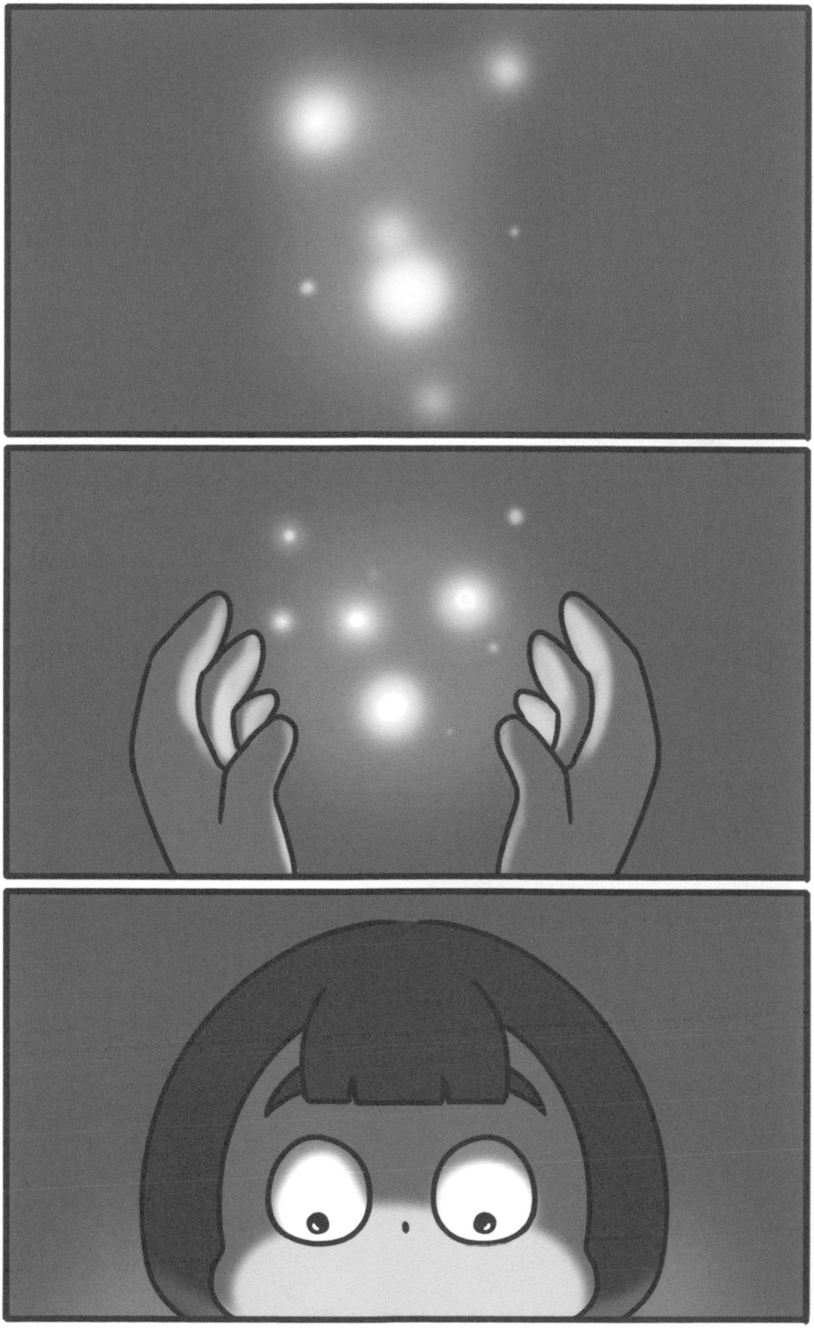

仔細想想，
生活中還是有很多
開心的事物發生的。

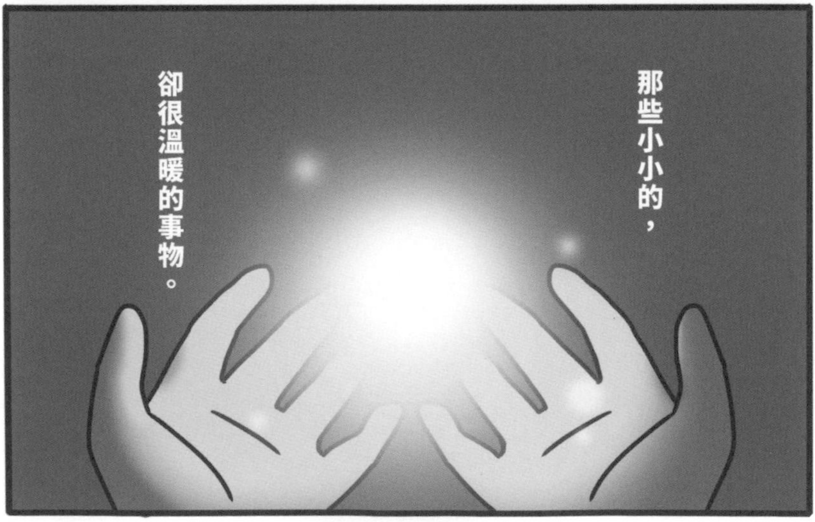
那些小小的，
卻很溫暖的事物。

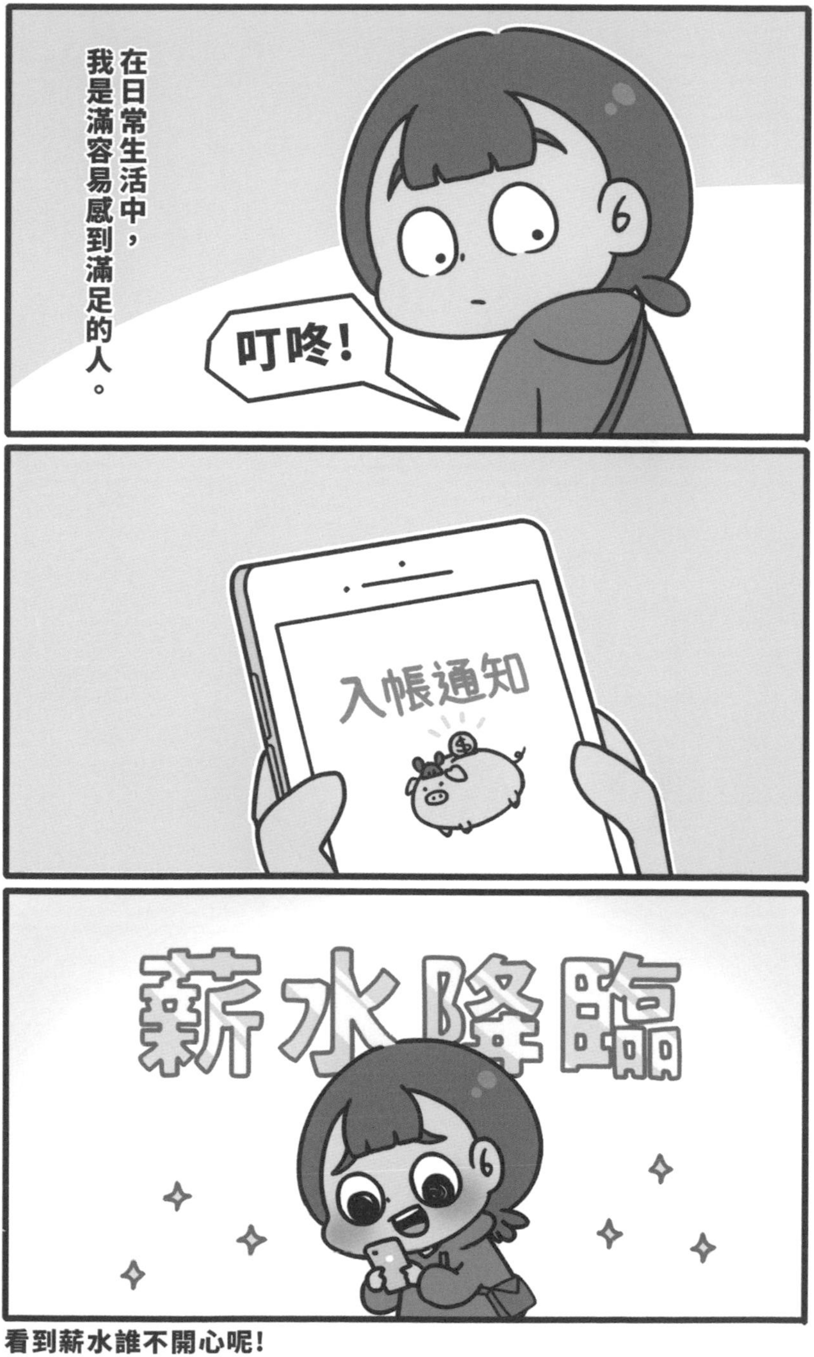
在日常生活中，
我是滿容易感到滿足的人。
叮咚！
入帳通知
薪水降臨

看到薪水誰不開心呢!

太常遇到小不幸，漸漸的也滿習慣的。
啊！
鞋底脫落
…
你一定替我擋煞了吧，辛苦你了。
可以買新鞋了。

對我來說，
在生活中有很多地方
可以感受到溫暖。
真的
很謝謝妳！
被真心的感謝
會感到開心。

在路邊遇到療癒的
動物也會很開心。
想不想讓
姐姐摸摸？
走開啦。

吃東西應該就
不用說了吧？
喝價啦！
在生活中尋找快樂的
這點能力還是有的！

之前被採訪時，
對方編輯都會誤以為
我是個正向樂觀的人。
但其實我一點都不樂觀，
我也是被生活的各種壓力
壓得死死的平凡人。
生活
社交
工作
經濟
???
面對生活中的不幸，
對我來說
最重要的是要了解自己。
嘿！
嘿！

像是心情不好時，
自己也大概明白
現在的我適合什麼。
哭吧！
現在好好哭一場吧。
妳現在不適合一個人，
快點去找人幫助妳。
胖子，
快過來啊！
不要窩在家裡當肥宅，
出去曬太陽啊！
快看！
太陽！
好刺眼。
適合自己的方式
絕對不是只有一種。

如果不幸受傷跌倒了，
我也不會急著逼自己站起來。
好好的沉澱與療傷對我來說也是很重要的。
復原的差不多了再重新振作起來就好！
在沉澱時也會提醒自己，不要沉溺於悲傷太久！
會被討厭的啦！連自己都會討厭自己。

重新振作之後又是一尾活龍，
努力面對生活中的各種挑戰。
哈！
不幸
甩
甩
啪！
啪！

因為不管怎麼樣，
新的一天
總是會到來的，
那就好好努力生活吧。

希望

唉
每天都這麼不幸
我的人生
大概就這樣了吧
了無生趣又……
叮咚
薪水入帳通知
其實人生
也沒這麼慘啦！
哈哈哈哈哈哈
復活！

道謝

好累！
好忙！
我就要
過勞死了！
大幸！
?
謝謝妳幫忙！
真的很不好意思，
辛苦妳了。
這也……
沒什麼啦。

改變

以前我是不習慣
接受別人的幫助的，
什麼事情都是自己來。
有人想幫忙時，
也是習慣拒絕。
自從某次契機下
受到別人幫助，
新世界啊！
各方面都
變得更好了啊！

試著改變也不是壞事呢。

不對勁

我覺得我
今天整個人都
不對勁欸！
有壞事要
發生了嗎？
那怎麼辦？
我要去買雞排！
這樣才能消除
我心中的不安。
衝！
就是
想吃而已吧。

知足

防曬沒了該買了。
咦！
買一送一
我用的防曬剛好在買一送一欸！老天爺也太疼我了吧！
吙呼!!!
好知足啊。

剛好

啊！包包背帶斷了欸。
啪！
咦？口紅也斷了。
剛好都可以買新的了。
我姐真的沒問題嗎？

終於！完成了！

你好～非常感謝閱讀這本書到尾聲的你！
（如果是花錢買的就更感謝了）
其實呢！在繪製這本書時，常常陷入自我懷疑。
尤其是去書局時看到其它書籍的時候感覺會更加強烈。
啊！好棒的書。
我做的到嗎？
經歷困難重重，這本書終於完成了。
啊啊啊啊啊！
很感謝出版社編輯包容與幫助。
編輯先生
也要感謝的是有喜愛我的讀者們，有他們我才有出書的機會。
真的謝謝你們！

感謝要露出內褲
(這隻是內褲精靈)

最後，
我也想好好的感謝辛苦趕稿拖稿的自己。
小時候的夢想就是要靠畫圖養活自己，也幻想過自己哪天會出一本書。
算是完成夢想了呢。
幻想交稿後的我。
完成夢想了，我要回老家休息了。
妳本來就在家裡。
總之，這本書要結束了。
我是小不幸，非常感謝你的閱讀。期待下次再相見囉！

哭吧！小不幸人生

這世界很煩很難，但總會有辦法的！

作者**小不幸**　美術設計暨封面設計**RabbitsDesign**　行銷企劃經理**呂妙君**　行銷專員 **許立心**

總編輯**林開富**　社長**李淑霞**　PCH生活旅遊事業總經理**李淑霞**　發行人**何飛鵬**　出版公司**墨刻出版股份有限公司**　地址**台北市民生東路2段141號9樓**　電話 886-2-25007008　傳真886-2-25007796　EMAIL mook_service@cph.com.tw　網址 www.mook.com.tw　發行公司**英屬蓋曼群島商家庭傳媒股份有限公司城邦分公司**　城邦讀書花園 www.cite.com.tw　劃撥19863813　戶名**書蟲股份有限公司**　香港發行所**城邦（香港）出版集團有限公司**　地址**香港灣仔洛克道193號東超商業中心1樓**　電話852-2508-6231　傳真852-2578-9337　經銷商**聯合股份有限公司（電話：886-2-29178022）金世盟實業股份有限公司**　製版印刷　**漾格科技股份有限公司**　城邦書號KG4016　ISBN 978-986-289-538-2　定價**360元**　出版日期**2020年12月初版　2020年12月二刷　2021年1月三刷**　

國家圖書館出版品預行編目(CIP)資料

哭吧!小不幸人生 ： 這世界很煩很難 但總會有辦法的/
小不幸著. -- 初版. -- 臺北市 ： 墨刻出版股份有限公
司出版 ： 英屬蓋曼群島商家庭傳媒股份有限公司城邦
分公司發行, 2020.12
面 ； 公分
ISBN 978-986-289-538-2(平裝)
1.修身 2.生活指導 3.成功法

192.1　　　　109019287